W0396074

LERNPLUS+

DIE LERNHILFE FÜRS GYMNASIUM

DEUTSCH
5. SCHULJAHR

Schroedel

LERNPLUS⁺
Deutsch 5. Schuljahr

Autoren:
Friedel Schardt hat langjährige Unterrichtserfahrung als Gymnasiallehrer in Rheinland-Pfalz und über 30 Jahre lang Lehrerinnen und Lehrer im Fach Deutsch ausgebildet. Zu seinen Veröffentlichungen zählen Schulbücher, Lehrer- und Schülerhilfen.
Thorsten Zimmer unterrichtet Deutsch und katholische Religion am Megina-Gymnasium in Mayen. Außerdem bildet er am Studienseminar Koblenz Lehrerinnen und Lehrer für das Fach Deutsch aus. Er hat verschiedene Unterrichtsreihen und Lernhilfen veröffentlicht.

ISBN 978-3-507-**23150**-4

Druck 1 / Jahr 2009

Redaktion: Ute Schröder
Herstellung: Dirk von Lüderitz
Umschlaggestaltung und Layout: Janssen Kahlert Design & Kommunikation GmbH, Hannover
Illustrationen: Sarah Burrini, Köln und Matthias Berghahn, Bielefeld
Satz: KCS GmbH, Buchholz/Hamburg
Druck und Bindung: westermann druck GmbH, Braunschweig

Liebe Schülerin, lieber Schüler,

Lernplus hilft dir, die wichtigsten Inhalte des Deutschunterrichts in der Jahrgangsstufe 5 zu wiederholen, zu üben und besonders die Themen zu trainieren, die erfahrungsgemäß viele Stolpersteine enthalten. Mit Lernplus kannst du deine Wissenslücken schließen, deine Grammatikkenntnisse verbessern und den Umgang mit Texten üben.
Alle Kapitel sind überschaubar gegliedert und alle Regeln werden Schritt für Schritt erklärt, bevor du sie in den Übungen selbstständig anwendest.

Training plus fragt dein Wissen am Ende eines Kapitels noch einmal ab. Mithilfe der insgesamt 99 Testfragen kannst du gut überprüfen, wie sicher du die einzelnen Regeln beherrschst.

Den **Abschlusstest** nach jedem Kapitel bearbeitest du so wie eine Klassenarbeit. In den Lösungen findest du eine Punkteübersicht, mit der du deine Leistungen einschätzen kannst.

In Lernplus gibt es außerdem drei besondere Elemente:

Regel

Die Regeln werden in jedem Kapitel verständlich zusammengefasst und anschaulich erklärt. Oft werden sie durch Beispiele ergänzt.

Tipp

Hinweise, worauf du beim Lernen achten solltest oder wie du dir etwas besonders gut merken kannst, findest du bei den Tipps.

Info plus

Weißt du, wie das ß entstanden ist oder woher der Begriff Eselsbrücke stammt? Für alle, die etwas mehr wissen wollen, bietet Info plus spannende Informationen oder Hintergründe zu Redewendungen, Wörtern oder Autoren.

Mithilfe der **Lösungen** im Anhang kannst du kontrollieren, ob du die Aufgaben richtig bearbeitet hast und wie viele Punkte du im Abschlusstest erzielt hast. Wenn du im Buch nicht genügend Platz für die Bearbeitung der Übungen findest, schreibe die Lösungen bitte in ein Heft.

Viel Erfolg beim Üben und Besserwerden mit Lernplus wünscht dir

das **Lernplus-Team**

1. Rechtschreibung

Schreib', wie du sprichst! – So lautete tatsächlich einmal eine einfache Regel für die deutsche Rechtschreibung. Was aber passiert, wenn ein Mann aus Bayern seiner Bekannten im Rheinland einen Brief schreiben und nur diese Regel gelten lassen würde? Die beiden würden sich kaum verstehen! Daher braucht unsere Schreibung genauere Regeln.

1.1 Groß- und Kleinschreibung

Regel

Überschriften und Satzanfänge immer groß

- Unabhängig von der Wortart beginnen im Deutschen alle **Wörter am Anfang von Sätzen und Überschriften groß**.
- Auch das **erste Wort innerhalb der wörtlichen Rede** wird mit einem großen Anfangsbuchstaben geschrieben.

1

a) Wenn du den Textauszug unten laut vorliest, erkennst du die Wichtigkeit der Satzabgrenzungen und der Großschreibung. Erkläre den Zweck der Satzzeichen und Großschreibung am Satzanfang.

b) Markiere die fehlenden Satzgrenzen durch Punkte und korrigiere die fehlerhafte Groß-Kleinschreibung.

die Reise nach Berlin kann losgehen

Emil nahm seine Schülermütze ab und sagte: „guten Tag, meine Herrschaften ist vielleicht noch ein Plätzchen frei natürlich war noch ein Platz frei eine dicke Dame, die sich den linken Schuh ausgezogen hatte, weil er drückte, sagte zu ihrem Nachbarn: „solche höflichen Kinder sind heutzutage selten wenn ich da an meine Jugend zurückdenke, da herrschte ein anderer Geist" dabei turnte sie im Takte mit den Zehen im linken Strumpf herum Emil schaute interessiert zu der Mann konnte vor Schnaufen kaum nicken

Regel

Substantive und Namen immer groß

- Die größte Gruppe von Wörtern, die großgeschrieben werden, sind die Substantive. Auch Namen, zum Beispiel von Personen, gehören zu dieser Gruppe.
- Meist erkennt man Substantive daran, dass ihnen ein bestimmter Artikel (z.B. *der, die, das*) oder ein unbestimmter Artikel (z.B. *ein, eine, ein*) vorausgeht.

Beispiele:	*die Reise*	*das Plätzchen*	*der Schuh*
	eine Reise	*ein Plätzchen*	*ein Schuh*

2 Ergänze die fehlenden bestimmten und unbestimmten Artikel.

Emil wusste längst, dass die Leute oft sagen: Früher war ______ Leben besser. Er hörte schon gar nicht mehr hin, wenn ______ Erwachsener sagte, früher sei ______ Luft gesünder gewesen oder ______ Ochsen hätten ____________ größeren Kopf gehabt. Meistens waren ______ Geschichten nicht wahr und ______ Leute gehörten bloß zu ______ Sorte von Menschen, die mit ______ Leben nicht zufrieden sein wollten, weil sie sonst ja zufrieden wären.

3 Unterstreiche die Namen und Substantive mit den dazugehörigen Artikeln.

Emil setzte sich und tastete die Jackentasche ab. Er war erst beruhigt, als er das Kuvert mit dem Geld knistern hörte. Die Mitreisenden sahen nicht gerade wie Räuber und Mörder aus. Neben einem Mann saß eine Frau, die an einem Schal häkelte. Und an dem Fenster, neben Emil, las ein Herr mit einem steifen Hut die Zeitung. Der Mann bot Emil ein Stück Schokolade an und stellte sich vor: „Ich heiße Grundeis, sehr angenehm."

Texte der Aufgaben 1 - 12: Autorentexte. Idee nach Erich Kästner: Emil und die Detektive. Cecilie Dressler Verlag, 148. Auflage, Hamburg 2003, S. 42 - 64.

Tipp

Artikel und Substantiv stehen nicht immer nebeneinander

Manchmal ist es verwirrend, dass zwischen dem Artikel und dem Substantiv noch nähere Beschreibungen des Substantivs eingeschoben werden. Es sieht dann auf den ersten Blick so aus, als gehörte der Artikel zu der näheren Beschreibung und als müsste diese entsprechend großgeschrieben werden. Du musst hier genau hinsehen und überprüfen, zu welchem Wort der Artikel gehört. Erst dann kannst du sicher sein, welches Wort großgeschrieben werden muss.

Falsch: der **H**öfliche Junge
Richtig: der **h**öfliche Junge
Der bestimmte Artikel *der* bezieht sich auf *Junge*. Das Adjektiv *höfliche* ist eine nähere Beschreibung des Jungen.

4 Verbinde die Substantive und die dazugehörigen bestimmten und unbestimmten Artikel durch einen Bogen.

Die freundlichen Reisegefährten lächelten. Dann fragte die dicke Dame, die den linken Schuh ausgezogen hatte: „Lebt denn in Neustadt der Schnittwarenhändler Kurzhals noch? Grüßen Sie den einmal von mir". „Ich fahre aber zuerst nach Berlin", antwortete der unsichere Junge. „Meine Großmutter wartet am Bahnhof bei einem bunten, gut sichtbaren Blumenstand." An einem großen Bahnhof stiegen die meisten Leute aus. Nur Emil und ein unheimlicher Mann mit einem steifen Hut blieben zurück. Das gefiel Emil nicht sehr. Emil hatte Angst um das versteckte Geld. Er ging auf die Toilette und zählte den heimlichen Besitz.

5 Setze an die richtigen Stellen Großbuchstaben und schreibe den korrigierten Text in dein Heft.

herr grundeis hatte es sich inzwischen mit seinem steifen hut in der ecke des abteils gemütlich gemacht und schlief. emil war froh, dass er sich nicht zu unterhalten brauchte, und blickte durch das schmutzige abteilfenster in die vorbeirasende landschaft. bäume, windmühlen, felder, fabriken, kuhherden und winkende bauern zogen draußen vorbei. allerdings kann man ja nicht stundenlang aus dem fenster starren. auch emil konnte die augen kaum aufhalten. wupp! er zuckte zusammen und erschrak. beinahe wäre er eingeschlafen.

Regel

Adjektive und Verben mit kleinen Anfangsbuchstaben

Kleingeschrieben werden …

1. Adjektive (auch: Eigenschaftswörter oder Wiewörter genannt). Sie beschreiben bestimmte Eigenschaften eines Substantivs.
2. Verben (auch: Tätigkeitswörter genannt). Sie geben an, welche Tätigkeit gerade beschrieben wird.

6 Ergänze die Substantive durch passende Adjektive.

tiefen, alte, freche, müden, schönen, starke, unheimlichen, wertvolles

Emil konnte seine __________ Augen kaum aufhalten. Er durfte auf keinen Fall einschlafen, da er sein __________ Kuvert bewachen musste. Er konnte dem __________ Mann nicht trauen. Über zwei Stunden musste Emil noch fahren. Er kämpfte gegen die __________ Müdigkeit. Eine Weile ging es. Emil dachte an seine __________ Großmutter, die er lange nicht gesehen hatte. Er dachte auch an seine __________ Cousine Pony Hütchen. Bei diesen __________ Gedanken nickte er ein. Sofort sank der erschöpfte Emil in einen __________ Schlaf.

7 Welche Tätigkeiten werden beschrieben? Ergänze die Verben.

antwortet, erkundigt, fährt, grüßt, schläft, schnarcht

a) Der Mann im Zugabteil hebt den Hut und sagt: „Guten Tag." Er ______________ Emil.

b) Die Frau fragt nach dem Schnittwarenhändler Kurzhals. Sie ______________ sich nach ihm.

c) Emil sagt auch: „Guten Tag" und „Ja". Er ______________ den beiden.

d) Der Zug bewegt sich von Bahnhof zu Bahnhof. Er ______________ bis nach Berlin.

e) Der Mann macht beim Schlafen seltsame Geräusche. Er ______________ sehr laut.

f) Emils Augen fallen zu. Nun ______________ Emil doch.

8 Unterstreiche die Adjektive und Verben in unterschiedlichen Farben und notiere sie in richtiger Schreibung in dein Heft.

IM TRAUM DACHTE EMIL, DER ZUG FÜHRE IMMER IM KREIS HERUM. ER ERINNERTE SICH AN SEINE ALTE SPIELZEUGEISENBAHN. NUN TRÄUMTE ER, DASS DIE LOKOMOTIVE HINTER DEM LETZTEN WAGEN FUHR. WIE BEI EINEM KLEINEN HUND, DER SICH IN SEINEN SCHWANZ BEISST. ALS EMIL AUFWACHTE, WAR NIEMAND MEHR IM ABTEIL. DER FREMDE MANN WAR VERSCHWUNDEN. EMIL GRIFF NACH DEM UMSCHLAG UND MERKTE, DASS ER WEG WAR. DER ARME JUNGE ERSCHRAK. SEIN HERZ SCHLUG SCHNELLER. NUN WEINTE EMIL.

Regel

Substantivierungen werden großgeschrieben

Manchmal werden Wörter, die auf den ersten Blick zur Wortart der Adjektive oder Verben gehören, zu Substantiven und großgeschrieben.

Substantivierte Adjektive: müde - der Müde / klein - der Kleine.
Substantivierte Verben: schlafen - das Schlafen / fahren - das Fahren.

9 Bilde zu jedem Adjektiv Substantivierungen.

enttäuscht - ____________ unsicher - ____________

traurig - ____________ überrascht - ____________

ängstlich - ____________ laut - ____________

10 Bilde zu jedem Verb Substantivierungen.

sitzen - ____________ schauen - ____________

suchen - ____________ geben - ____________

stehlen - ____________ werfen - ____________

Tipp

Auch **Substantivierungen** kannst du häufig daran erkennen, dass sie von einem bestimmten oder einem unbestimmten Artikel begleitet werden.

11 a) Unterstreiche die substantivierten Adjektive und die substantivierten Verben mit verschiedenen Farben.
b) Schreibe den Text mit der richtigen Groß- und Kleinschreibung in dein Heft.

niemand konnte emils weinen hören, er war ja alleine im zugabteil. das schlimme war, er weinte wegen seiner mutter. emil wusste, wie sie monatelang geschuftet hatte und wie schwer ihr das sparen gefallen war. aber die großmutter in berlin brauchte das geld so dringend. und kaum saß der herr sohn im zug, lehnte sich der unzuverlässige in eine ecke, schlief ein und ließ sich von einem skrupellosen das geld stehlen. und da sollte der bestohlene nicht weinen? was sollte der ratlose nun tun?

Tipp

Laufdiktat

Wenn gerade niemand Zeit hat, dir den Diktattext vorzulesen, kannst du den Text auch für ein Laufdiktat benutzen. Dazu legst du den Text gut sichtbar auf einen Tisch, dein Schreibheft oder ein Blatt auf einen anderen Tisch - am besten in einem anderen Teil des Raumes oder im Nachbarraum. Nun merkst du dir Stück für Stück den Diktattext und schreibst ihn in dein Heft. Wenn du fertig bist, kannst du deinen Text mit dem Original vergleichen und dein Diktat selbst korrigieren.

12 In diesem Diktattext musst du alle Regeln zur Groß-Kleinschreibung anwenden. Lass dir den Text diktieren oder schreibe ihn als Laufdiktat.

AN EINEM GROSSEN BAHNHOF BLICKT DER RATLOSE AUS DEM OFFENEN ZUGFENSTER AUF DIE VORBEIGEHENDEN. DA ENTDECKTE ER IN EINIGER ENTFERNUNG UND ZWISCHEN VIELEN MENSCHEN EINEN STEIFEN SCHWARZEN HUT. WENN DAS DER FRECHE DIEB WAR? EMILS STIMMUNG ÄNDERTE SICH BLITZARTIG. IM NÄCHSTEN AUGENBLICK STAND DER AUFGEWECKTE AUF DEM WEITEN BAHNSTEIG, PACKTE SEINEN RIESIGEN KOFFER UND RANNTE, SO SCHNELL ER KONNTE, ZUM AUSGANG. WO WAR DER UNVERSCHÄMTE? DER AUFGEREGTE JUNGE STOLPERTE, STIESS EINEN WARTENDEN MIT DEM KOFFER UND RANNTE WEITER. DIE MENSCHENMENGE WURDE IMMER DICHTER UND UNDURCHDRINGLICHER. DA! DORT WAR DER STEIFE HUT! HIMMEL, DA DRÜBEN WAR JA NOCH EINER. EMIL KONNTE DEN WUCHTIGEN KOFFER KAUM SCHLEPPEN. PLÖTZLICH STAND DER GESUCHTE DIREKT VOR IHM …

Info plus

Erich Kästner und Emil Tischbein

Der Schriftsteller Erich Kästner (1899 - 1974) hat viele seiner eigenen Charakterzüge und Verhaltensweisen auf Emil Tischbein, die Hauptfigur des Romans „Emil und die Detektive" übertragen. Auch Erich Kästner hatte zum Beispiel ein sehr gutes Verhältnis zu seiner Mutter.

Zu einer lustigen und interessanten Begegnung kommt es im sechsten Kapitel des Buches. Bei der Verfolgung des Diebes wird Emil beim Schwarzfahren in der Straßenbahn erwischt. Ein netter Fahrgast befreit Emil aus der peinlichen Situation und bezahlt den Fahrschein. Das Besondere: Mit diesem Mann beschreibt sich der Schriftsteller Erich Kästner selbst. Er lässt sich also selbst in seinem Buch auftreten und mit der Hauptfigur in Kontakt kommen.

1.2 Die s-Schreibung

Regel

Die Aussprache der s-Laute

- Die deutsche Sprache unterscheidet sowohl in der Aussprache als auch in der Schreibung verschiedene s-Laute. In der Aussprache unterscheidet man zwischen folgenden Möglichkeiten:
  Stimmhaft ausgesprochenes *s*, z. B. in den Wörtern *lesen* und *Rasen*.
  Stimmlos ausgesprochenes *s*, z. B. in den Wörtern *Klasse* und *Gruß*.
- Die umgangssprachlichen Namen helfen dir bei der Unterscheidung:
  Das **stimmlose *s*** bezeichnet man auch als **„hartes *s*"** oder **„gezischtes *s*"**.
  Das **stimmhafte *s*** bezeichnet man auch als **„weiches *s*"** oder **„gesummtes *s*"**.
  Die Bezeichnungen der unterschiedlichen s-Laute hängen damit zusammen, dass beim Sprechen des stimmhaften *s* die Stimmbänder im Hals mitschwingen, das stimmlose *s* ohne die Vibration der Stimmbänder ausgesprochen wird.

13 Ergänze die fehlenden Reimwörter und notiere hinter den Sätzen, ob die gereimten Wörter stimmhafte oder stimmlose s-Laute benutzen.

Vor dem Essen: Händewaschen nicht ver____________________!

Von unheimlichen Wesen kann man in Gruselbüchern l____________________.

Er malt mit seinem Pinsel ein Meer und eine I____________________.

14 Lies die beiden Sätze laut vor und entscheide, ob die s-Laute stimmhaft oder stimmlos gesprochen werden. Umkreise stimmhafte s-Laute in blau, stimmlose s-Laute in rot.

Der kleine Wassermann döst in einem großen, rosa Wasserbett und träumt davon, dass er ein riesiges Walross an der Küste nass spritzt.

Das Walross hasst es, wenn es beim Sonnenbaden gestört wird, weiß aber, dass der Wassermann es nicht so bald in Ruhe lassen wird.

Regel

Die s-Schreibung

- Im Deutschen unterscheidet man bei der Schreibung der s-Laute vor allem zwischen dem einfachen *s*, dem doppelten *s (ss)* oder dem „scharfen" *ß*.

- Die Schreibungen:

1. Ein **einfaches *s*** schreibt man, wenn der **s-Laut stimmhaft** ausgesprochen wird.
   Beispiele: *Besen, lesen, rasen, Riese*
2. Ein **doppeltes *ss*** schreibt man, wenn der **s-Laut stimmlos** ausgesprochen wird und **hinter einem kurzen Vokal** steht.
   Beispiele: *Riss, Wasser, essen*
3. Ein **„scharfes" *ß*** schreibt man, wenn der **s-Laut stimmlos** ausgesprochen wird und **hinter einem langen Vokal** oder einem **Diphthong** steht.
   Beispiele: *Gruß, gießen, gefräßig, schweißen, reißen*

15 Notiere hinter jedem Wortbeispiel, ob es sich um einen stimmhaften oder einen stimmlosen s-Laut handelt und ob der vorausgehende, markierte Vokal lang oder kurz gesprochen wird.

Gasse ______________________________

Rose ______________________________

Grieß ______________________________

16 a) Übertrage die Tabelle ins Heft. Schreibe die Wörter mit der richtigen s-Schreibung in die passende Tabellenspalte.
b) Ergänze dann die Regeln zur richtigen s-Schreibung.

fre__en, bei__en, kü__en, We__en, Wie__el, Ra__el, Ra__enmäher, Kie__elstein, Am__el, Dro__el, Ki__en, bü__en, bi__ig, sprie__en, Pau__e, bö__e

s schreibt man, ...	*ss* schreibt man, ...	*ß* schreibt man, ...

17 Fülle die Lücken mit *s*, *ss* oder *ß*.

Am mei___ten Spa___ machte e___ dem kleinen Wa___ermann, das Walro___ zu erschrecken, wenn es gerade eingeschlafen war. Oft legte sich das schwere Tier in den hei___en Sand der Kü___te, um seine na___e Haut trocknen zu la___en. Am be___ten eigneten sich dazu die Mittagsstunden, wenn die Sonne glei___end schien und ihre Strahlen am be___ten wärmten. Dann lie___ sich der kleine Wa___ermann ganz nahe an seinen Freund herantreiben und spritzte ohne Vorwarnung das ei___kalte Na___ auf den Dö___enden. Mei___tens tat das Walro___ dann nur so, als ob es bö___e sei und schimpfte immer mit den___elben Worten: „Welcher Du___el spritzt denn blo___ das ei___ige Wa___er auf meinen Ruheplatz und bereitet mir in der Mittagspau___e einen solch gro___en und überflü___igen Stre___? Na, wenn ich den fa___e, der kann etwa___ erleben …"
Je lauter das Walro___ schimpfte, um___o lu___tiger fand dies der Wa___ermann. Mei___tens gab er sich sehr schnell zu erkennen und grü___te: „Hallo Freund Walro___, es war nur ein Spa___!"

Info plus

Wie schreibt man ein großes ß?

- Das sogenannte scharfe s, das Buckel-s oder das sz ist etwas Besonderes. Es existiert nur in der deutschen Schrift und wird also nur in den deutschsprachigen Ländern verwandt. Entstanden ist es tatsächlich aus den Zeichen s und z, die zur Kennzeichnung des gezischten Lautes einfach ganz nah aneinander geschrieben wurden. Verwendet man die alten Schriftzeichen ſ und ʒ, erkennt man leicht, wie eine „Urform" unseres heutigen ß aussah: etwa ſʒ.
- Eine weitere besondere Eigenschaft des Zeichens liegt darin, dass es bisher nur eine Schreibweise für den kleinen Buchstaben gab. Erst im Jahr 2008 einigte man sich auf eine großgeschriebene Version des ß.

1.3 Lange und kurze Vokale

Regel

Lange und kurze Vokale

- Die Laute der deutschen Sprache lassen sich unterscheiden in **Vokale** (*a, e, i, o, u*), **Konsonanten** (z. B. *b, t, k*) und **Diphthonge** (das sind Doppellaute, z. B. *au, eu, ei*).
- Bei der Aussprache der Vokale unterscheidet man wiederum zwischen den lang ausgesprochenen „langen Vokalen" (z. B. in *Schal, malen*) und den kurz ausgesprochenen „kurzen Vokalen" (z. B. in *schnell, fallen*).

18 Sprich die Wörter laut aus. Markiere die langen Vokale, indem du einen kleinen Querstrich darüber einzeichnest. Das sieht dann so aus: lēsen.

reden – Schule – Lehrer – Tafel – Schultasche – Radiergummi – Tee

Regel

Schreibung langer Vokale

Unsere Rechtschreibung hat verschiedene Möglichkeiten, einen lang gesprochenen Vokal zu kennzeichnen. Mögliche Schreibungen sind:

1. Der Vokal erhält **keine Ergänzung**, man sieht der Schreibung die Länge nicht an (z. B. *Rēgen*).
2. Manche **Vokale** werden **verdoppelt**, um die Länge zu kennzeichnen (z. B. *Schnēē*).
3. Vokale können durch ein **Dehnungs-h** verlängert werden (z. B. *Bāhn*).
4. Eine häufige Verlängerung des Vokals i ist die **Schreibung *ie*** (z. B. *Papīer*).

19 a) Markiere diejenigen Beispiele in der Wörterkiste mit einer Farbe, die derselben Regel zur Längenkennzeichnung eines Vokals folgen.

b) Denke dir kurze Geschichten aus, in denen alle Wörter aus der Wörterkiste vorkommen, auf die dieselbe Regel zutrifft. Schreibe die Geschichten in dein Heft.

LKJANRUFENKOILBERATENTZZTFERNGLASGWCMFROHLHGEFÄHRLICH
POGEWÖHNENKWYYGIEBELMNEJAHRIEWKÜHLLKQLIEFENQYXXPLANÄPL
KQAREHLLLREINLEGENNYASRIESENÄKJWSCHIEFXKSSCHLIEFENÄÖMN
MDEVURBSCHNEEKJHCISEEKSCHUETAGJJJTEEÄAWYTORPOVRZOO

20 Unterstreiche in dem Alternativendiktat die richtige Schreibung.

Das kleine Gespenst l… (lehbte/lebte/leebte) in einem alten Schloss. Meistens sch… (schlief/schlif/schlihf) es den ganzen T… (Tahg/Tag/Taag) lang und erwachte erst w… (wäärend/wärend/während) der Nacht. Dann erkundete es seine Umgebung und sp… (spukte/spuhkte/spuukte) durch die Räume seiner n… (nohblen/nooblen/noblen) W… (Wohnung/Woohnung/Wonung). Hier entdeckte es r… (risige/rihsige/riesige) Gemälde von b… (berühmten/berüümten/berümten) Rittern, kostbare M… (Möhbel/Mööbel/Möbel) und Teppiche. Es schwebte durch einen prächtigen S… (Sahl/Sal/Saal), die Schlafgemächer, die Küche mit v… (vielen/vihlen/vilen) Leckereien, erkundete den Dachb… (boden/bohden/booden) und das V… (Verliis/Verlihs/Verlies). Manchmal setzte es sich für ein p… (pahr/par/paar) Minuten auf den G… (Gihbel/Giebel/Giibel) des Schlossdaches und beobachtete die Lichter der S… (Siedlung/Sidlung/Sihdlung), die zu seinem Schloss gehörte. Das Gespenst l… (liebte/libte/lihbte) jedes Wetter, aber am allerbesten g… (gefihl/gefiihl/gefiel) es ihm, wenn Sch… (Schneh/Schne/Schnee) auf den Dächern l… (lahg/lag/laag) und alles im Licht des M… (Mondes/Mohndes/Moondes) leuchtete.

nach: Otfried Preußler: Das kleine Gespenst. © 1966 by Thieneman Verlag (Thienemann Verlag GmbH), Stuttgart-Wien.

Regel

Kennzeichnung kurzer Vokale

Kurz gesprochene Vokale können folgendermaßen gekennzeichnet werden:

1. Die Schreibung hat **keine besonderen Kennzeichen** (z. B. *Fenster*). Es folgen mehrere Konsonanten.
2. Dem Vokal folgt ein **doppelter Konsonant** (z. B. *retten*).
3. Die Konsonanten ***z* und *k* werden** nicht verdoppelt. Sie werden **zu *tz* und *ck***.

21 Streiche in den Wortreihen jeweils die beiden Wörter, die aufgrund ihrer Vokallänge gar nicht in die Reihe passen.

Tipp: Die Unterscheidung zwischen lang und kurz gesprochenen Vokalen fällt dir leichter, wenn du die Wörter laut vorliest und auf die Länge der Vokale achtest. Du kannst dabei ruhig etwas übertreiben.

a) *Rassel Nessel rieseln fusseln küssen Pass Gruß Wasser*
b) *brummen Semmel lahm hämmern ihm Kamm Summe kommen*
c) *Dipp klappern hupen tippen stoppen Wippe Suppe Mappe Doping*
d) *wetten Kette satt Brot fett Mitte bitten Miete schütteln*

22 Notiere die Antwort auf jede Rätselfrage und unterstreiche die kurzen Vokale in den Lösungswörtern.

a) Ein Cowboy fängt seine Rinder mit einem L______________.

b) Wenn man jemanden zum Lachen bringen will, erzählt man einen W________.

c) Verliebte geben sich einen K______________.

d) Tee und Kaffee trinkt man aus einer T______________.

e) Um pünktlich zu sein, muss du manchmal r______________.

23 Ergänze die kleinen Verse durch Reimwörter.

a) Man hört von dem Schiff einen lauten Pf______________.

b) Ob nur die Frommen in den Himmel k______________?

c) Mit einem scharfen Messer schneidet es sich b______________.

d) Ob der Mann das auch gut k______________?

e) Die schaffen wie die A______________.

24 Notiere alle Wörter, die in dem Wortstern versteckt sind.

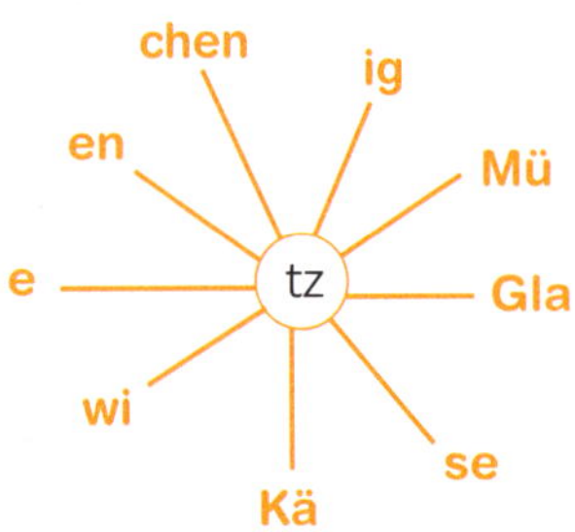

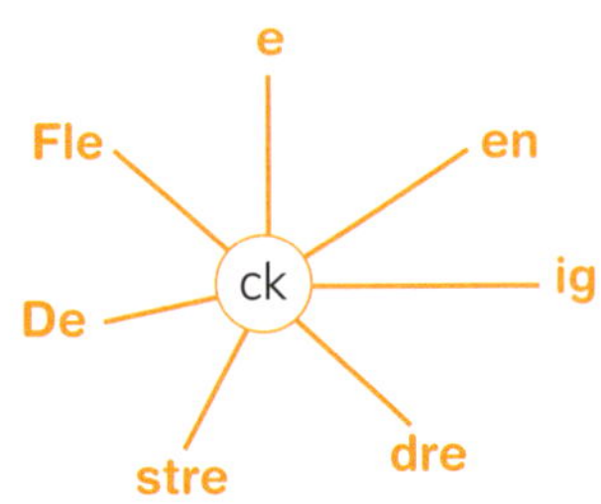

____

____

____

25 Ergänze die fehlenden Konsonanten. Überlege, ob ein doppelter Konsonant geschrieben werden muss.

Es bega___ eine Zeit, in der das kleine Gespe___st sich i___er sehnlicher wünschte, die We___t einmal bei Tageslicht erku___den zu kö___en. Sein Freund der Uhu ha___e ihm immer wieder davon abgeraten und von einer Ma___e an Gefahren berichtet. Doch das Gespenst glaubte nicht, dass viel pa___ieren kö___te. Es trug auch immer einen Bu___d von Schlü___eln bei sich, mit dem es sich im Notfa___ wehren kö___te. In einer Juninacht nach einem so___igen Tag entschlo___ sich das Gespenst, nach der Geisterstu___de wach zu bleiben und den Morgen zu erwarten. Doch es schlief immer wieder ein. Auch in der nächsten Nacht, in der ein he___-tiger Regen pra___elte und das Wa___er laut die Regenri___e herunterlief, scha___te es das kleine Gespenst nicht, wach zu bleiben. Es mu___te sich damit abfinden, dass sich manche Dinge in der Natur nicht ändern la___en.

26 Ergänze die Lücken mithilfe der Wörter.

entdecken, Erfüllung, hofft, immer, können, ließ, vergönnt

Jetzt wurde das kleine Gespenst aufgrund der Fehlschläge ________ trauriger. Häufig ________ es in den folgenden Nächten den Kopf hängen. Es glaubte, dass es ihm nicht mehr ___________ sein werde, die Welt bei Tage _____________ zu ___________. Aber manchmal gehen Wünsche ja gerade dann in _____________, wenn man am wenigsten darauf ________.

27 Lasse dir diesen Text als Diktat vorlesen oder schreibe ihn als Laufdiktat.

Manchmal gehen Wünsche ja gerade dann in Erfüllung, wenn man am wenigsten darauf hofft. Seit dem Gespräch mit dem Uhu war nun eine knappe Woche vergangen. Wieder schlug die Uhr des Rathauses Mitternacht und wie immer erwachte das kleine Gespenst mit dem letzten Glockenschlag. Es rieb sich den Schlaf aus den Augen, reckte und streckte sich, wie es seine Gewohnheit war. Dann kletterte es aus der Truhe, in der es schlief, stieß mit dem Kopf an einige Spinnweben und musste niesen. Als es nun nach draußen blickte, traute es seinen Augen kaum. Es sah ein grelles, helles Licht, das viel glänzender und leuchtender als das Licht des Mondes war. Das kleine Gespenst hatte verschlafen und war tatsächlich erst bei Tageslicht erwacht.

28 Achtung! In dem folgenden Diktattext haben sich Fehler bei der Kennzeichnung der langen und kurzen Vokale eingeschlichen.

a) Finde die Fehler und streiche sie an. Die Zahl der Fehler pro Zeile ist durch die Striche am Rand angegeben.
b) Schreibe die richtigen Wörter zwischen die Zeilen.

Das kleine Gespenst verstand allmälich, was paßiert war und traute seinen | |

Augen kaum. Wie hell und bunnt die Welt auf einmal war. Das Gespenst war |

nun nicht mehr zu halten. Es hastete die Trepe hinunter bis ins Erdgeschos des | |

Schlosses. Dann huschte es aus der Vohrhalle in den Burghof. Aber der Zufal | |

wollte es, dass an dihsem Vormitag ausgerechnet Herr Oberleerer Thalmeyer mit | | |

seiner vierten Klase das Burgmuseum besuuchte und nun gerade von der ande- | |

ren Seite in die Hale traht. Als die Kinder das kleine Gespenst erblikten, fingen | | |

sie an zu schreien. Das gaab einen wahnsinigen Lärm und das kleine Gespenst, | |

das an Kindergeschrei nicht gewönt war, bekahm einen solchen Schreken, dass | | |

es schleunigst verschwand. Es sauste auf den Burghoof. Ein pahr Jungen liefen | |

ihm schnell hinterher und wolten das Gespenst einfangen. Zum Glück entdekte | |

es ein guhtes Versteck und konnte der Gefaar entgehen. | |

1 Nenne die grammatischen Situationen, in denen ein Wort mit einem großen Anfangsbuchstaben geschrieben wird.

____

2 / **3** Nenne zwei Wortarten, deren Wörter mit kleinen Buchstaben beginnen, und gebe Beispiele.

2 ______________________________

3 ______________________________

4 Nenne den grammatischen Fachbegriff, mit dem die folgenden Wörter bezeichnet werden: *der Schnelle, die Weite, das Blaue, das Schreiben.*

____

5 Notiere die Fachbegriffe, mit denen die beiden Aussprachen des s-Lautes im Deutschen bezeichnet werden. Ergänze jeweils ein Beispiel.

____

6 Erkläre den Zusammenhang zwischen der s-Schreibung und der Länge des vorausgehenden Vokals.

____

____

7 Notiere drei Diphtonge. ______________________________

8 Notiere die fünf Vokale. ______________________________

9 Nenne zwei Möglichkeiten, einen „langen" Vokal schriftlich anzuzeigen.

____

10 Nenne die Möglichkeiten, „kurze" Vokale schriftlich anzuzeigen.

____

11 Notiere die Ersatzformen für die Verdopplung von *z* und *k*. ______________________________

___/5 **1** Notiere, um welche Wortart es sich bei den Beispielen handelt. Unterscheide zwischen Substantiven, Adjektiven und Verben.

der Schulbus ____________________

überfüllt ____________________

fährt ____________________

der Busfahrer ____________________

müde ____________________

das Ziel ____________________

___/10 **2** Ergänze den Lückentext mit der Regelzusammenfassung.

Mit einem großen Anfangsbuchstaben beginnen Wörter der Wortart ______________ (z.B. die Katze) und ______________ (z.B. Anna, Jakob). Außerdem beginnen Wörter am Anfang von Überschriften und __________ mit einem ____________ Anfangsbuchstaben. Auch ______________ schreibt man groß. Das sind Wörter, die zwar von Adjektiven und Verben abgeleitet sind, aber als Substantive benutzt werden. Häufig erkennt man sie an dem dabei stehenden bestimmten oder unbestimmten ______________. Mit einem kleinen Anfangsbuchstaben beginnen zum Beispiel die Wörter der Wortarten ______________ (z.B. klein, rund, lieb) und ______________ (z.B. schlafen, essen, schreien).

Vielleicht kennst du aus der Grundschule die deutschen Bezeichnungen für die lateinischen Fachbegriffe. Man spricht hier von ______________ und ______________.

3 a) Die folgenden Sätze einer SMS verzichten auf die Groß- und Kleinschreibung. Korrigiere die Schreibung, indem du an den richtigen Stellen die kleinen Buchstaben mit großen Buchstaben überschreibst. ___/15
b) Notiere in den Klammern, um welche Wortart es sich bei dem vorausgehenden Wort handelt. Du kannst die Bezeichnungen abkürzen: S für Substantiv, A für Adjektiv, V für Verb.

- liebe (____) christina (____), habe verschlafen und den bus (____) verpasst. entschuldige (____) mich in der schule (____).
- Hei evi (____), ich entschuldige dich. herr (____) müller (____) wird keine freude (____) daran haben. denke (____) an die mathearbeit (____).
- mathe (____) ist mir egal. ein jugendlicher (____) braucht (____) seinen schlaf (____).

4 Man unterscheidet in der Aussprache des Deutschen zwischen dem stimmhaften und dem stimmlosen *s*. Unterstreiche in der Wortliste diejenigen s-Laute, die stimmhaft gesprochen werden. ___/6

Wasser – Besen – Vase – Riss – Gruß – gießen – stressen – losen – grüßen – dösen – verbessern – Hose – Pause

5 Ergänze den Lückentext mit den Regeln zur s-Schreibung. ___/7

Ein einfaches *s* schreibt man meistens, wenn der s-Laut ____________ ausgesprochen wird. Bei stimmloser Aussprache unterscheidet man zwischen den Schreibungen ________ und ________. ________ schreibt man, wenn der vorausgehende Vokal ________ gesprochen wird (z.B. muss/ fassen). Wird der vorausgehende Vokal ________ gesprochen (z.B. Gruß/ Fuß/ Gesäß) schreibt man ________.
Auf diese Regeln kannst du dich verlassen. Sie gelten ohne Ausnahme!

___/7 **6** Bestätige die richtig geschriebenen Wörter durch einen Haken. Streiche die falsch geschriebenen Wörter durch und notiere eine korrigierte Version.

Rüssel ______	Raßel ______	Kiesel ______	Riß ______
essen ______	Gefäs ______	Fuss ______	Fluß ______
Gruß ______	Paß ______	fließen ______	Resst ______

___/15 **7** Ergänze die Lücken mit der richtigen s-Schreibung.

Gestern hatte ich mein Pau___enbrot zu Hau___e verge___en. Ich suchte es überall, doch es lie___ sich nirgends finden. Mei___tens bin ich derjenige, der sich über die Verge___lichkeit und Schu___eligkeit der anderen amü___iert, aber gestern wurde ich eines Be___eren belehrt. Zum Glück hatte ich etwas Geld dabei und konnte mir in der Men___a etwas zu e___en kaufen. So sa___ ich nicht mit knurrendem Magen im Unterricht. Nachmittags sah ich, dass ich das Brot auf dem Tisch verge___en hatte. Ich konnte es nun zu Hau___e verspei___en, wo es besonders gut schmeckte.

___/8 **8** Hier geht es um die Schreibung bei langen und kurzen Vokalen. Bestätige die richtigen Sätze durch einen Haken, streiche die falschen Sätze durch.

- ☐ a) Nach kurzen Vokalen steht oft ein Doppelkonsonant.
- ☐ b) Nach kurzen Vokalen steht oft ein Dehnungs-h.
- ☐ c) Manche Vokale werden verdoppelt, um die Länge zu kennzeichnen.
- ☐ d) Manche Vokale werden verdoppelt, um die Kürze zu kennzeichnen.
- ☐ e) Um ein langes *i* zu kennzeichnen, schreibt man *ii*.
- ☐ f) Um ein langes *i* zu kennzeichnen, schreibt man *ie*.
- ☐ g) Der Konsonant *k* wird nicht verdoppelt, sondern als *ck* geschrieben.
- ☐ h) Der Konsonant *t* wird nicht verdoppelt, sondern als *tz* geschrieben.

9 Ordne die Beispielwörter den richtigen Regeln aus Aufgabe 8 zu, indem du den Buchstaben der passenden Regel in der Klammer notierst. ___/4

lieben ( )	rennen ( )	wecken ( )	Paar ( )
Wetter ( )	See ( )	Sieb ( )	Blick ( )

10 Bestätige die richtig geschriebenen Wörter durch einen Haken. Streiche die falsch geschriebenen Wörter durch und notiere sie in der richtigen Schreibung. ___/5

Bohrer ________________	faaren ________________
drükken ________________	leer ________________
waar ________________	Rassel ________________
Spizzer ________________	geschrihben ________________

11 Ergänze die Textlücken. ___/28

„Es ist schon ein to__es Gefü__l, die bedro__ten Ro__en zu re__en", sagte ein Jugendlicher der Naturschu__organisation gestern Mi__ag in einem Interview. Der Junge aus Stu__gart macht gerade ein freiwi__iges Praktikum bei der Organisation und se__t sich gegen die Jagd auf die T__re ein, die vor a__em wegen ihres beg__rten Fe__s gef__rdet sind.

Der junge Ma__ arbeitet bereits seit einem Monat an der Nords__ und ka__ sich vorste__en, auch beruflich im Umweltschu__ tätig zu sein.

„So hat man i__er das Gef__l, etwas Si__vo__es zu leisten", begründet er seinen Zukunftswunsch. Vor a__em bei jungen Leuten sei s__r oft festzuste__en, dass sie kaum etwas über die Ausbeutung der Natur und der M__re wissen.

Gesamtpunktzahl ___/110

2. Zeichensetzung

2.1 Zeichen am Satzende

Wenn wir sprechen, gliedern wir den Text nach Sinnabschnitten, indem wir Pausen machen. Durch das Heben und Senken der Stimme können wir genauer mitteilen, ob wir auffordern, fragen oder etwas mitteilen wollen. Wenn wir schreiben, stehen uns diese Mittel nicht zur Verfügung. Dann müssen wir andere Zeichen benutzen, um unsere Absicht zu verdeutlichen.

Regel

Der Punkt

Am **Ende eines Aussagesatzes** steht ein **Punkt**.

Beispiel: *Heiko spielt Klavier.* *Maria spielt Flöte.* *Sie spielen ein Duett.*

1 Im Text 1 sind die Satzenden nicht markiert. Daher sind auch die Satzanfänge nicht großgeschrieben. Setze am Satzende einen Punkt und korrigiere die Satzanfänge.

Text 1: Pünktlichkeit

gestern war es sehr spät geworden Fabian hatte lange gespielt und erzählt er war spät zu Bett gegangen am Morgen war er natürlich noch sehr müde nur mit Mühe aß er sein Frühstücksbrot endlich war er fertig und konnte sich auf den Weg machen seine große Schwester schimpfte über die Trödelei, denn nun kam auch sie in Zeitnot sie hetzten zur Schule beim Öffnen der Schultür hörten sie die letzten Töne des Klingelzeichens Fabian schaffte es gerade noch, vor seinem Klassenlehrer durch die Tür zu schlüpfen seine große Schwester hatte weniger Glück sie musste einen Aufsatz über die Vorteile der Pünktlichkeit schreiben

Regel

Das Fragezeichen

- Das Fragezeichen steht **nach direkten Fragesätzen**.

1. Das können **Entscheidungsfragen** sein, also Fragen, die mit Ja oder mit Nein beantwortet werden können.
   Beispiel: *Warst du gestern in der Schule?*
2. Es können auch **Ergänzungsfragen** sein, das heißt Fragen, die als Antwort umfangreichere Ausführungen erwarten.
   Beispiel: *Wann gibt es dieses Jahr Ferien?*

- **Vorsicht!** Nicht alle Fragesätze enden mit einem Fragezeichen! Die sogenannten **indirekten Fragen** enden mit einem **Punkt**.
  Beispiel: *Ich möchte wissen, wann du das erledigen willst.*

2 Setze im Text 2 die richtigen Satzzeichen ein und korrigiere die Schreibung der Satzanfänge.

Text 2: Hausaufgaben

Gestern waren Tim und sein Freund ratlos was war jetzt genau die Hausaufgabe stand das wirklich an der Tafel sie berieten, was zu tun sei wer hat da noch aufgepasst und mitgeschrieben wusste Tina Rat Tim überlegte, wen er anrufen könnte es fiel ihm niemand außer Tina ein wird Tina ihnen weiterhelfen am Telefon fragte Tim Tina, welche Aufgaben nun gestellt worden waren Tina hatte wirklich aufgepasst sie wusste, was getan werden musste aber sie fragte dann doch noch, warum Tim nicht besser aufgepasst habe so einfach aber war das für Tim nicht wie sollte man da aufpassen, wenn Kevin gerade vom nächsten Fußballspiel sprechen wollte aber für die Zukunft konnte man sich ja etwas vornehmen, oder nicht

3 Ganz schön knifflig: Punkt oder Fragezeichen?

a) Ich weiß, wann das Spiel beginnt ______

b) Weißt du, wann das Spiel beginnt ______

c) Herr Kunz fragte, wer das war ______

d) Könnt ihr mir sagen, wer die Aufgabe richtig gelöst hat ______

e) Niemand kann sagen, wer die Aufgabe nicht richtig gelöst hat ______

Regel

Das Ausrufezeichen

- Das Ausrufezeichen steht **nach Aufforderungssätzen, Befehlssätzen** und **Wunschsätzen**.
  Beispiel: *Kommt bitte pünktlich! Pass jetzt endlich auf! Wärst du doch höflicher!*
- Das Ausrufezeichen steht auch hinter einfachen **Aufforderungen**.
  Beispiel: *Vorsicht! Ruhe! Betreten verboten!*
- Das Ausrufezeichen steht nach **Ausrufen**.
  Beispiel: *Hilfe! Aua! Prima!*

4 Setze die richtigen Satzzeichen ein und korrigiere die Satzanfänge.

Martina leitet die Theater-AG. Sie hält eine kleine Ansprache:

„Wir wollen demnächst Theater spielen sollen wir nicht noch zwei Proben einschieben ihr wollt euch doch nicht blamieren überlegt euch das bis morgen, ob wir die zwei Proben einschieben kommt bitte morgen pünktlich zur Probe ihr könnt doch alle zur abgesprochenen Zeit es wäre schön, wenn ihr euren Text bis dahin schon beherrschen würdet lernt also eure Rollen möglichst bald aber Vorsicht auch die Nebenrollen müssen gelernt werden bis morgen also "

Tipp

Achtung: Man kann auch
- mit Aussagesätzen auffordern: *Ihr seid jetzt still!*
- mit Aussagesätzen fragen: *Ich habe den besten Aufsatz geschrieben?*
- mit Fragesätzen auffordern: *Öffnet mal jemand das Fenster?*

Die Sprecherabsicht wird dann durch das Satzzeichen deutlich.

5 a) Lies die Aussagesätze einmal so, dass sie als Fragen verstanden werden.
b) Lies sie anschließend so, dass sie Aufforderungen sind.
c) Denke dir Situationen aus, in denen diese Sätze vorkommen können, und ergänze die Redeerklärungen, die die Sprecherabsicht verdeutlichen können. Notiere die Sätze in dein Heft.

Beispiel: *Jan hat den besten Aufsatz geschrieben.*
Die Klasse sprach über die letzte Klassenarbeit. „Jan hat den besten Aufsatz geschrieben?", wunderte sich Lukas. „Jan hat den besten Aufsatz geschrieben!", betonte Lena mit Nachdruck.

a) Alle Schüler verlassen das Klassenzimmer.
b) Keiner vergisst die Hausaufgaben.
c) Alle helfen beim Aufräumen.

6 Text 3 enthält Aufforderungssätze und Fragesätze.
Wandle die ursprünglichen Aufforderungssätze in Fragesätze um und notiere sie. Lies die Sätze so, dass die ursprüngliche Absicht, zu etwas aufzufordern, erhalten bleibt.

Text 3

Lars spielte mit seinem Gameboy, als seine Mutter ins Zimmer kam. „Unterbrich jetzt dein Spiel!", sagte sie. „Ich muss kurz weg. Kümmere dich, während ich weg bin, um deine kleine Schwester!" „Darf ich noch fünf Minuten weiterspielen?", fragte Lars zurück. „Nein", antwortete die Mutter. „Komm bitte sofort. Mein Bus fährt gleich." Lars fügte sich in sein Schicksal. Bald kam die Mutter zurück und staunte nicht schlecht. Lars war mit seiner kleinen Schwester richtig vertieft in das Gameboy-Spiel. „Kann man nicht auch etwas anderes mit seiner kleinen Schwester spielen?", rief sie schon von der Tür aus. „Vergiss nicht deine Hausaufgaben!"

2.2 Kommasetzung

Das Komma (Plural: Kommas oder Kommata) ist ein Zeichen, das den Satz deutlich gliedert. Diese Gliederung kann grammatisch sein, wenn zum Beispiel Haupt- und Nebensatz getrennt werden. Sie kann aber auch eine Gliederung sein, die beim Sprechen durch Pausen ausgedrückt wird.

Regel

Das Komma bei Aufzählungen

+ Das **Komma trennt** die **Teile einer Aufzählung**, sofern sie nicht durch *und* oder *oder* verbunden sind.
  Beispiel: *Mathe, Deutsch oder Erdkunde sind seine Lieblingsfächer.*
  Es brauste, stürmte, blitzte und donnerte ununterbrochen.
+ Auch Sätze können Teile einer solchen Reihe sein.
  Beispiel: *Petra las in einem Buch, Tim und Lisa spielten Domino und Eric langweilte sich.*

7 Setze in jedem Beispielsatz die Kommas.

a) Florian lernte seine Vokabeln rechnete die Mathematikaufgaben aus und las den Erdkundetext durch.
b) Frau Schmied kaufte Äpfel Orangen und Trauben.
c) Amsel Drossel Fink und Star sind im Frühling wieder da.
d) Anne flocht einen Zopf Melissa band sich einen Pferdeschwanz und Kathi trug ihr Haar offen.
e) Gero sang pfiff oder trällerte stets eine Melodie.
f) Am Dienstag standen Deutsch Sport Musik und Mathematik auf dem Stundenplan.
g) Neli ging zum Schwimmen Swinda fuhr zum Rudern und Lea wollte Hausaufgaben erledigen.
h) Wir werden wandern und schwimmen wir werden spazieren gehen oder wir werden uns einfach ausruhen.

Tipp

Vorsicht: Wird ein Satzglied durch **aber**, **sondern**, **vielmehr** angeschlossen, so steht vor dem Bindewort ein Komma.
Beispiel: *Julia war vielleicht vorlaut, ungezogen und sogar frech, aber nicht dumm.*
Thorsten war nicht mutig, nicht tapfer, vielmehr wusste er nicht, was er tat.

8 Setze in jedem Beispielsatz die Kommas.

a) Mehmet fragte nach einem Spiel Aylin wollte die Uhrzeit wissen Lars beschwerte sich über den Krach aber Petra schüttelte nur abwartend den Kopf.
b) Ich schlafe nicht ich döse nicht und ich träume nicht vielmehr denke ich nach.
c) Der Weg führt nicht nach Hamburg nicht nach Paris und nicht nach Berlin sondern nach Rom.

Info plus

Die Herkunft der Redewendung **„Viele Wege führen nach Rom"** ist nicht eindeutig geklärt. Wahrscheinlich spielt sie darauf an, dass Rom in der Antike als das politische, wirtschaftliche und kulturelle Zentrum des Römischen Reiches galt. Außerdem ließ Kaiser Augustus im Jahr 20 v. Chr. in Rom eine vergoldete Säule aufstellen, auf der alle Provinzhauptstädte mit ihrer Entfernung bis Rom aufgeführt waren. Die Betrachter der Säule müssen damals gedacht haben, dass alle Wege nach Rom führen.

9 Schreibe den Text ab. Setze dabei die richtigen Satzzeichen und verbessere die Satzanfänge.

Carla Eric Franzi und Winni hatten den ganzen Nachmittag gespielt sie spielten Verstecken Gummitwist Hüpfen und Blinde Kuh Carla hatte oft gewonnen Eric hatte ebenso oft verloren und Franzi lag im Mittelfeld Carlas großer Bruder Erics Schwester und Franzis Mama kamen fast gleichzeitig zum Spielplatz sie suchten die Kleinen und wollten sie nach Hause holen man verabredete sich noch schnell für morgen verabschiedete sich und dann ging es nach Hause

Regel

Das Komma bei Nebensätzen

Das **Komma trennt den Nebensatz vom Hauptsatz**. Steht der Nebensatz innerhalb des Hauptsatzes, wird er vorn und hinten durch ein Komma vom Hauptsatz getrennt.
Beispiel: *Ute freute sich sehr, **als sie ihr Geschenk sah**.* (Hauptsatz, Nebensatz)
***Als sie ihr Geschenk sah**, freute sich Ute sehr.* (Nebensatz, Hauptsatz)
*Ute freute sich, **als sie ihr Geschenk sah**, sehr.* (Hauptsatz und eingeschobener Nebensatz)

10 Setze das Komma bzw. die Kommas und unterstreiche den Nebensatz.

a) Wolfgang schrie auf als ihn der Schneeball traf.
b) Nachdem der Zug abgefahren war schloss der Beamte sein Fenster.
c) Nina legte ihrem Pferd den Sattel auf den Rücken nachdem sie es sorgfältig gestriegelt hatte.
d) Julia sah nachdem sie ihre Geige gestimmt hatte sehr konzentriert auf ihr Notenblatt.
e) Tim erschrak heftig als er das hörte.
f) Jessica erzählte als es zu regnen anfing von ihrem letzten Urlaub in Italien.

Tipp

Versuche, Sätze so zu lesen, dass ihr Sinn deutlich erkennbar wird. Dort, wo du eine Pause machst, ohne die Stimme zu senken, steht wahrscheinlich ein Komma. (Diese Faustregel gilt leider nicht immer!)
Wenn du nach Diktat schreibst, achte darauf, wo Pausen gemacht werden. Wenn die Stimme nach oben geht oder zumindest nicht gesenkt wird, setze ein Komma.

11 a) Lies den Text 4 laut vor, sodass ein Sinn erkennbar wird.
b) Achte darauf, wo du Pausen machst, ohne die Stimme zu senken.
c) Setze an diesen Stellen ein Komma.

Text 4: Die Klassenarbeit

Es war schon etwas später als Janik nach Hause kam seine Mutter wusste natürlich nicht warum er sich verspätet hatte Janik stotterte zuerst druckste dann herum und gab schließlich nur eine unklare Auskunft als sie ihn fragte was nun wirklich passiert war hatte Janik den Bus verpasst wurde er irgendwo aufgehalten Janik zuckte immer wieder nur die Schultern wenn ihn jemand fragte allerdings grinste er dabei schüttelte den Kopf und drehte sich dann weg was sollte das die Antwort gab Janik am nächsten Tag er vermisste als er auf den Bus wartete seine Mütze und ging noch mal zur Schule zurück weil er dachte dass er sie dort vergessen hatte dabei begegnete er seiner Lehrerin welche ihm noch etwas Wichtiges mitzuteilen hatte diese Mitteilung hatte ihn dann so sehr mitgenommen dass er vor lauter Freude vergaß dass sein Bus gleich abfuhr seiner Mutter gestand er schließlich was ihm seine Lehrerin so Wichtiges zu sagen hatte er hatte was es bisher noch nie gab die beste Klassenarbeit geschrieben.

2.3 Zeichen bei der wörtlichen Rede

Ein Erzähler stellt Geschehnisse dar oder berichtet, was jemand gesagt hat. Das geht, indem er die Rede wörtlich wiedergibt. Damit die Leser erkennen, dass jemand anderes als der Erzähler spricht, werden die Teile der wörtlichen Rede entsprechend markiert.

Regel

Die Zeichen bei wörtlicher Rede

- Wörtlich übernommene Äußerungen (wörtliche Rede) kennzeichnet man durch **Anführungsstriche**.
- Oft wird die wörtliche Rede durch eine **Redeerklärung** begleitet. Steht diese vor der wörtlichen Rede, so setzt man an ihrem Ende einen **Doppelpunkt**. Steht die Redeerklärung innerhalb oder am Ende der wörtlichen Rede, wird sie durch **Kommas** abgetrennt.
  Beispiel: *Lena fragte: „Wer hat heute Zeit zum Spielen?"*
  Hat heute jemand Zeit zum Spielen?", fragte Lena.
  „Ich würde heute gerne spielen", sagte Lena, „falls jemand mit mir spielt."
- **Achtung:** Gehört ein **!** oder ein **?** zur wörtlichen Rede, so steht das Zeichen vor dem Anführungszeichen. Ist in diesem Fall die Redeerklärung eingeschoben oder nachgestellt, steht nach dem Anführungszeichen noch ein Komma.
  Beispiel: *„Jetzt reicht es mir aber!", rief Sven.*
  „Kann mir mal jemand helfen?", fragte Sven.
  „Am Strand ist es am schönsten", jubelte sie, „da würde ich gern den ganzen Tag bleiben!"

12 a) Setze bei den folgenden Beispielen die richtigen Satzzeichen.
b) Verschiebe die Redeerklärung in die wörtliche Rede
c) Verschiebe die Redeerklärung ans Ende der wörtlichen Rede.

a) Klaus erklärte laut und deutlich_____ Ich mache da nicht mehr mit. Denn ich habe keine Lust, mich zu blamieren_____

b) ____

____

c) ____

____

a) Michaela erwiderte______ Ich habe die Hausaufgaben nicht gemacht, weil ich nicht genau wusste, was wir machen sollten______

b) ____

____

c) ____

____

13 Ergänze die fehlenden Satzzeichen und die Zeichen der wörtlichen Rede.

Text 5: Lukas mag nicht mehr

Lukas war gewiss kein schlechter Esser____ schon gar nicht____ wenn es sein Lieblingsessen gab____ in den Ferien aber____ wenn Lukas bei Oma und Opa zu Besuch war____ musste er doch bisweilen passen____ er schaffte einfach nicht alles____ was ihm Oma vorsetzte____ auch wenn sie ihm immer wieder seine Lieblingsspeisen kochte____ Bitte nicht so viel ____ bettelte Lukas immer wieder____ aber Oma meinte____ Du musst tüchtig essen____ dass du groß und stark wirst____ ____Und wenn du mich schlägst____ konnte Lukas manchmal nur noch stöhnen ____ ich schaffe das einfach nicht____ so hatte Lukas auch gestern aufgegeben____ als Oma vorwurfsvoll meinte ____Ich versteh nicht____ was du für ein Theater machst um das bisschen Essen____ Es gibt Kinder____ fuhr sie fort ____die wären froh____ wenn sie auch nur die Hälfte von dem Essen auf dem Teller hätten____ was du hast____ ____Auch wenn du dir das nicht vorstellen kannst ____ stöhnte Lukas ____ ich wäre auch froh ____

12 – 14 Welche Redeabsichten signalisieren diese Satzschlusszeichen?

12 Punkt: ____________________

13 Ausrufezeichen: ____________________

14 Fragezeichen: ____________________

15 Wie heißen Fragen, nach denen kein Fragezeichen steht?

____

16 Erkläre den in **15** gesuchten Begriff und formuliere einen Beispielsatz.

____

17 Welche Redeabsichten kann man mit einem Aussagesatz noch verwirklichen?

____

18 Welche Satzzeichen werden dann gesetzt?

____

19 Vor welchen Bindewörtern steht in einer Aufzählung ein Komma? Unterstreiche sie. *aber – und – oder – sondern – sowie – vielmehr*

20 Wo kann ein Nebensatz stehen, der den Hauptsatz ergänzt?

____

21 Bilde einen Satz, bei dem der Nebensatz mit zwei Kommas abgetrennt wird.

____

22 Was signalisieren diese Satzzeichen „ … "? ____________________

23 Wo steht das Fragezeichen bei der wörtlichen Rede? Notiere ein Beispiel.

____

__/5 **1** Setze in den folgenden Beispielsätzen die richtigen Satzzeichen und benenne die Redeabsicht.

a) Willst du mich heute zum Fußballspiel begleiten

Redeabsicht: ____________________

b) Komm doch mit zum Fußballspiel

Redeabsicht: ____________________

c) Mehmet möchte gern zum Fußballspiel gehen

Redeabsicht: ____________________

d) Ich weiß nicht, wie du das schaffen willst

Redeabsicht: ____________________

e) Bist du jetzt still

Redeabsicht: ____________________

__/16 **2** Setze in den Beispielsätzen die richtigen Satzzeichen. Unterstreiche in Satzgefügen den Nebensatz.

a) Mehmet wollte zum Fußballspiel gehen

b) Nico wollte seine Ruhe und Evi wollte lesen

c) Die Stürmer auf dem Platz rannten dribbelten und rackerten sich ab

d) Sie waren nicht faul oder lustlos sondern sie hatten einfach Pech

e) Mehmets Team träumte vom schnellen sicheren Aufstieg in die Oberliga

f) Das Team spielte ziemlich gut weil es eben gut trainiert hatte

g) Nico staunte als er von der Niederlage hörte nicht schlecht

h) Jan wollte nachdem er mit Mehmet gesprochen hatte mit Nico telefonieren

i) Nico hörte das Telefon läuten aber er nahm den Hörer nicht ab sondern er verließ das Haus

3 Wie kennzeichnet man die wörtliche Rede? Schreibe den Text korrekt ab und trage die Satzzeichen und Anführungszeichen ein. ___/32,5

Jetzt reicht es aber schaltete sich die Mutter ein Ihr Streithähne gebt ab sofort Ruhe Eigentlich wollten wir doch nur etwas fragen piepste Nina Warum wirst du da gleich so böse Richtig ergänzte Kathi wir streiten überhaupt nicht. Soso lachte die Mutter. Und warum wurde es plötzlich so laut Weil … druckste Nina herum weil wir uns nicht zu fragen trauen. Alte Petze schaltete sich Kathi ein. Wir haben gar nichts! Nun sagte die Mutter irgendwas werdet ihr da schon ausgeheckt haben, oder Ja, Mami, und mich wollten sie schicken, dich zu fragen! Aha, ihr wollt mich etwas fragen und traut euch nicht begann die Mutter erneut. Aber dazu gibt es doch keinen Grund! Und sie fuhr fort Fragen könnt ihr immer. Was ich antworte, das seht ihr dann.

Gesamtpunktzahl ___/53,5

3. Grammatik: Satzarten und Satzglieder

Wir benutzen die Sprache, ohne allzu viel über sie nachzudenken. Manchmal lässt sich etwas noch genauer oder verständlicher sagen, wenn wir die verschiedenen Möglichkeiten beachten, die uns die Sprache bietet. Dazu gehört es zum Beispiel, verschiedene Satzarten und Satzteile zu berücksichtigen.

3.1 Satzarten

Wenn wir sprechen, verfolgen wir bestimmte Absichten: Wir wollen etwas wissen, wir teilen etwas mit oder wir möchten, dass jemand etwas tut. Entsprechend der Absicht bilden wir verschiedene Arten von Sätzen.

Regel

Sätze

- Sätze sind abgeschlossene sprachliche Sinneinheiten. Wenn eine solche Sinneinheit für sich stehen kann, ohne dass sie von anderen Einheiten abhängig ist, spricht man von einem **Hauptsatz**.
- Es gibt auch Sinneinheiten, die nur aus einem Wort bestehen. In solchen Fällen spricht man von **Ein-Wort-Sätzen**. Beispiel: *Hilfe!*

1 Welche dieser Sinneinheiten sind Hauptsätze? Kreuze an und setze am Satzende gegebenenfalls einen Punkt.

- ☐ Gestern regnete es den ganzen Tag
- ☐ Ich habe die Hausaufgaben nicht vergessen
- ☐ Der mir eine ganz besondere Freude macht
- ☐ Wenn wir spielen wollen
- ☐ Da ich noch üben muss
- ☐ Nachdem wir gespielt haben
- ☐ In den Ferien spielten wir einen ganzen Tag lang mit den Eltern im Garten

Regel

Satzglieder

Sätze bestehen aus verschiedenen Teilen. Diese Teile können **Wörter** oder **Wortgruppen** sein. Welche Wörter zu einem solchen Satzteil gehören, kann man überprüfen, denn diese Teile lassen sich innerhalb eines Satzes verschieben. Alle Wörter, die bei einer solchen Verschiebung beisammenbleiben, gehören zusammen und bilden ein Satzglied.

Beispiel für die Verschiebung von Satzgliedern:
In den Ferien spielten wir einen ganzen Tag lang mit den Eltern im Garten.
Wir spielten in den Ferien einen ganzen Tag lang im Garten mit den Eltern.
Mit den Eltern spielten wir in den Ferien einen ganzen Tag lang im Garten.
Im Garten spielten wir mit den Eltern einen ganzen Tag lang in den Ferien.

Satzglieder:
In den Ferien | spielten | wir | einen ganzen Tag lang | mit den Eltern | im Garten.

2 Stelle die Satzglieder jedes Satzes möglichst oft um. Lege dazu im Heft eine Tabelle an, in der du für jedes Satzglied eine Spalte vorsiehst.

a) Achmed	kam	ganz aufgeregt	kurz vor Unterrichtsbeginn	in die Schule
Kam	Achmed	…	…	…

b) Achmed war auf seinem Schulweg einem riesengroßen Hund begegnet.
c) Der Hund stand einige Zeit bellend mitten auf der Straße.
d) Der Besitzer des Hundes nahm ihn schließlich an die Leine.
e) Endlich konnte Achmed an dem kläffenden Hund vorbeigehen.

Regel

Satzarten

+ Entsprechend den verschiedenen Redeabsichten gibt es verschiedene Satzarten:
1. **Aussagesätze** informieren.
2. **Fragesätze** holen Informationen ein.
3. **Aufforderungssätze** fordern zu einer Handlung auf.
4. **Ausrufesätze** verleihen Gefühlen Ausdruck.

+ Werden die Sätze schriftlich festgehalten, enden sie mit einem **Satzzeichen**, das die Redeabsicht verdeutlicht:
1. Aussagesätze enden mit einem **Punkt**.
2. Ausrufe- und Aufforderungssätze enden mit einem **Ausrufezeichen**.
3. Fragesätze enden mit einem **Fragezeichen**.

3 Die Fabel vom Pferd und vom Esel kennst du vielleicht schon.
a) Unterstreiche die Aussagesätze blau,
b) … die Fragesätze grün,
c) … Aufforderungen rot,
d) … Ausrufe schwarz.

Text 1: Das Pferd und der Esel

Ein Bauer trieb ein Pferd und einen Esel zum Markt. Beide waren gleichmäßig beladen. Nach einer längeren Strecke fühlte der Esel seine Kräfte schwinden. Er bat das Pferd kläglich: „Bist du nicht viel größer und stärker als ich? Du hast aber nicht schwerer zu tragen. Nimm mir einen Teil meiner Last ab!"
Hartherzig schlug ihm das Pferd seine Bitte ab: „Warum soll ich? Ich habe gerade genug zu tragen."
Keuchend schleppte sich der Esel weiter. „Ich kann nicht mehr!", stöhnte er und brach erschöpft zusammen. „Geh weiter!", brüllte sein Herr. Aber das war vergeblich, denn der Esel war tot. So wurde nun die ganze Last des Esels dem Pferde aufgepackt. Dem Esel zog der Besitzer das Fell ab und legte auch dieses noch dem Pferd oben auf. „O je!", jammerte es da.
Zu spät bereute es seine Hartherzigkeit. Es klagte: „Warum habe ich dem Esel nicht geholfen? Hätte ich ihm doch nur einen kleinen Teil seiner Last abgenommen! Jetzt muss ich seine ganze Last und dazu noch seine Haut tragen."
Das lehrt die Fabel: Hilf zeitig, wo du helfen kannst. Hilf dem Nachbarn löschen, ehe das Feuer auch dein Dach ergreift.

nach Äsop

4 Bilde aus den Satzteilen möglichst viele verschiedene Sätze.
a) Jeder dieser Sätze muss mindestens vier Satzglieder enthalten. Du kannst einzelne Teile mehrmals verwenden.
b) Schreibe zwei Sätze auf und führe die Verschiebeprobe durch.

am Nachmittag   spielen   auf dem Spielplatz   am Stadtpark
viele Kinder   auch   Erwachsene   tauchen auf   bisweilen
bei schönem Wetter   sitzen   auf einer Bank   in einem Buch
lesen   malen   laufen durcheinander   mehrere Hunde
springen   kläffen   in den Büschen   kriechen   balgen sich
mit Feuereifer   dösen   in der Sonne   im Schatten der alten Bäume
auf dem Rasen

5 Bestimme bei jedem Satz die Satzart und setze das entsprechende Satzschlusszeichen.

Sven und Lea treffen sich ___ „Hallo ___", rief Sven ___ „Spielst du mit mir ___", fragte er ___ Lea hat aber keine Zeit ___ Sie muss Brötchen einkaufen ___ Am Nachmittag wird sie wohl Zeit haben ___ Wird Sven dann noch Lust haben, mit ihr zu spielen ___ „Komm doch heute Nachmittag ___", fordert sie ihn auf. Sven zuckt nur mit den Schultern ___ „Warte mal ab ___", sagt er nur ___ Wie wird sich Sven verhalten, wenn Lea am Nachmittag kommen wird ___ Mit wem soll er denn überhaupt spielen ___

Regel

Fragesätze

Man unterscheidet zwei Arten von Fragesätzen.

- Fragesätze, auf die man mit Ja oder Nein antworten kann, heißen **Entscheidungsfragen**. Bei ihnen steht die Personalform des Prädikats an der Satzspitze.
  Beispiel: *Kommst du mit zum Wandern?*
- Fragesätze, auf die man ausführlicher antworten muss, heißen **Ergänzungsfragen**. Sie werden meist durch ein Fragewort (mit *W* beginnend, daher auch **W-Fragen**) eingeleitet.
  Beispiel: *Warum spielst du nicht mit mir?*

6 Der folgende Text enthält nicht nur Hauptsätze.

a) Unterstreiche die Sätze, die nicht allein stehen können.
b) Unterstreiche bei den Hauptsätzen die Aussagesätze blau, die Fragesätze grün, die Aufforderungssätze rot.
c) Schreibe das Gespräch zu Ende und unterstreiche in deinem Text die Sätze wie in Aufgabe a) und b).

Am Nachmittag, nachdem er die Hausaufgaben erledigt hat, ist Sven wieder unterwegs. Wird er Lea treffen? Lea wird sich wundern, wenn Sven nicht mit ihr spielen will. Warum hat sie auch am Morgen, als Sven sie ansprach, so wenig Zeit gehabt? „Such dir einen anderen!" Das wird Sven ihr sagen. „Spiel, mit wem du willst!" Auch das wird er sagen. „Mit mir spielst du nur, wenn du keinen anderen hast." Aber was ist, wenn sie wirklich keine Zeit hatte? Sollte er nicht doch erst einmal mit Lea reden? Lea kommt gerade aus dem Haus, als er sich alles genauer zurechtlegen will, was er sagen soll. Sie ruft schon von ferne: „Hallo, Sven! Hast du Zeit, um mit mir zu spielen?" Was soll Sven jetzt nur sagen?

Regel

Satzreihen und Satzgefüge

- **Hauptsätze**, die zusammengehören, kann man auch aneinanderreihen und durch Kommas trennen. Sie bilden dann **Satzreihen**. Jeder dieser Sätze könnte auch allein stehen.
  Beispiel: *Vater dachte nach, Tabea lachte, Florian legte die Stirn in Falten und Mutter stand vom Tisch auf.*
- Es gibt Sätze, die nicht allein stehen können. Diese **Nebensätze** beziehen sich immer auf einen Hauptsatz, bei dem sie stehen. Man spricht dann von einem **Satzgefüge**.
  Beispiel: *Nachdem Sven die Hausaufgaben erledigt hat, ist er unterwegs.*
- Nebensätze lassen sich daran erkennen, dass die Personalform des Prädikats am Satzende steht, auch wenn man die übrigen Satzteile verschieben kann.
  Beispiel: *Nachdem Sven die Hausaufgaben erledigt hat, …*

7 In diesem Gespräch geht es um die Gestaltung des nächsten Wochenendes. Der „Familienrat" tagt.

a) Unterstreiche die Nebensätze schwarz und umrahme die Personalform des Verbs.

b) Unterstreiche die Fragesätze grün, die Aufforderungen rot und die Aussagesätze blau.

c) Suche zu jeder Satzart einen Satz und stelle ihn um, soweit das geht.

Mutter: Am nächsten Wochenende haben wir alle gleichzeitig frei, wenn ich das richtig sehe. Wollen wir nicht mal etwas gemeinsam unternehmen?

Vater: Ich habe mich schon darauf gefreut, dass ich mich etwas ausruhen kann.

Tabea: Toll, Mama! Wollen wir zum Baggersee fahren? Da könnten wir schwimmen!

Florian: Fahren wir lieber zum Holidaypark! Da gibt es dieses Jahr neue Geräte, die man alle umsonst benutzen kann.

Vater: Nein, im Holidaypark ist mir der Eintritt zu teuer. Wie wär's denn mit einer langen Wanderung zur Vogelschutz-Hütte, wo wir letztes Jahr einmal waren?

Mutter: Ich bin die ganze Woche von morgens bis abends auf den Beinen. Da möchte ich nicht noch am Wochenende stundenlang laufen, bis ich mich ein wenig ausruhen kann.

Tabea: Baggersee wäre da besser. Da kannst du ausruhen.

Florian: Wenn es regnet, kannst du ja immer noch den Schirm aufspannen. Nein, nein, wäre es da nicht besser, wenn wir zum Abenteuerspielplatz nach Dorsheim fahren?

Tabea: Ich möchte aber meinen Badeanzug mitnehmen, denn auf dem Spielplatz gibt es ein großes Planschbecken.

Mutter: Fahren wir nun zum Abenteuerspielplatz? Sind alle einverstanden? Gut. Ich werde für Essen und Trinken sorgen. Florian, suchst du unseren Picknickkorb auf dem Dachboden? Tabea, reinige bitte den Korb. Papa tankt das Auto auf.

Vater: Ist neben dem Abenteuerspielplatz nicht ein kleiner Wald?

Mutter: Was willst du denn im Wald?

Vater: Wie wäre es denn mit einer Schnitzeljagd?

Tabea: Das Spiel, von dem du da sprichst, kennen wir nicht. Wie geht denn „Schnitzeljagd"?

Vater: Lasst euch mal überraschen. Ihr werdet begeistert sein. Ich muss nur noch einige Vorbereitungen treffen. Florian, hilfst du mir dabei?

Florian: Ich helfe dir schon, wenn du mir sagst, was ich tun muss.

d) Am Ende ist von einer „Schnitzeljagd" die Rede. Erkläre schriftlich in ein paar Sätzen, wie das Spiel geht. Verwende jede Satzart mindestens einmal.

e) Unterstreiche die Hauptsätze deines neuen Textes rot, die Nebensätze schwarz.

3.2 Satzglieder

Sätze sind Sinneinheiten. Sie bestehen aus einzelnen Teilen, die verschiedene Aufgaben haben und ganz bestimmte Teilfragen beantworten.

Regel

Satzglieder

- Die Bausteine, aus denen ein Satz zusammengesetzt ist, heißen Satzglieder. Satzglieder werden je nach ihrer Aufgabe im Satz unterschieden. Sie beantworten verschiedene W-Fragen (Wer? Was? Wo? Warum? Wann? …).
- Was alles zu einem Satzglied gehört, lässt sich mithilfe der **Verschiebeprobe** (**Umstellprobe**) feststellen. Die Wörter und Wortgruppen, die beim Verschieben zusammenbleiben, bilden jeweils ein Satzglied.
  Beispiel: *Eines Tages begegnete am Waldrand der Hase einem Fuchs.*
  Am Waldrand | begegnete | eines Tages | der Hase | einem Fuchs

8 Untersuche die kurze Fabel vom „Hund im Wasser".
a) Führe die Umstellprobe durch. Trenne die Satzglieder.
b) Stelle fest, welche Frage jeweils beantwortet wird. Lege eine Tabelle an und trage die Satzglieder ein. Achtung! Möglicherweise brauchst du noch mehr Spalten, als hier angegeben sind!

Wer?	Was geschieht?	Wann?	Wo?	Wen?	Wem?
ein Hund	lief	eines Tages	durch einen Bach		

Text 2: Vom Hund im Wasser

Eines Tages lief ein Hund durch einen Bach. In seinem Maul hielt er ein großes Stück Fleisch. Da sah er sein Spiegelbild im Wasser. Er glaubte, da sei ein zweiter Hund. Und dieser zweite Hund hielt ein riesiges Stück Fleisch zwischen den Zähnen. Dieses Fleisch wollte er haben.

Er schnappte gierig danach. Als er aber sein Maul auftat, entfiel ihm sein Stück Fleisch und das rauschende Wasser spülte es weg.

nach Äsop

Regel

Subjekt

Wenn etwas geschieht, gibt es meist einen **Urheber**, also jemanden, der etwas tut oder mit dem etwas geschieht. Nach ihm fragt man mit der Frage „**Wer?**".
Manchmal ist auch die Frage „**Was?**" möglich.
Das Subjekt ist das Satzglied, das auf die Frage „Wer?" oder „Was?" antwortet.

9 Das Lied von der Vogelhochzeit kennst du bestimmt. Erfrage Satz für Satz.
a) Was geschieht? Was wird gemacht? Markiere diese Satzteile schwarz.
b) Wer tut das? Markiere das Subjekt rot.

Text 3: Die Vogelhochzeit

Ein Vogel wollte Hochzeit machen in dem grünen Walde. Fidirallala …
Die Drossel war der Bräutigam, die Amsel war die Braute. Fidirallala …
Der Seidenschwanz, der Seidenschwanz, der bringt der Braut den Hochzeitskranz. Fidirallala …
Der Auerhahn, der Auerhahn, der ist der würd'ge Herr Kaplan. Fidirallala …
Die Meise, die Meise, die singt das Kyrieleise. Fidirallala …
Die Gänse und die Anten *(Enten)*, die sind die Musikanten. Fidirallala …
Der Pfau mit seinem bunten Schwanz, der führt die Braut zum Hochzeitstanz. Fidirallala …
Brautmutter ist die Eule, nimmt Abschied mit Geheule. Fidirallala …
Der Uhu, der Uhu, der macht die Fensterläden zu. Fidirallala …
Der Hahn, der krähet: Gute Nacht! Dann wird die Kammer zugemacht. Fidirallala …
Nun ist die Vogelhochzeit aus, und alle ziehn vergnügt nach Haus. Fidirallala …

Tipp

Versuche es mit der **Ersatzprobe**: Wenn du „Wer" oder „Was" für das Satzglied einsetzen kannst, findest du das Subjekt. An einer Stelle im Text 3 kannst du zwar fragen: „Wer tut das?", aber der Satz gibt keine Antwort. Frage stattdessen „Was geschieht?" bzw. „Was wird gemacht?".

Info plus

In der „Vogelhochzeit" oder in dem Lied „Amsel, Drossel, Fink und Star …" werden **Amsel und Drossel** besungen. Dadurch entsteht der Eindruck, es seien verschiedene Vogelarten. Das aber ist falsch. Jede Amsel ist eine Drossel. Die Familie der Drosseln umfasst über 200 Arten und die Amsel, die sogenannte Schwarzdrossel, ist nur eine davon.

10 Hier fehlen die Subjekte. Stelle Satz für Satz fest, was geschieht bzw. was gemacht wird und setze ein passendes Subjekt ein.

man, Fuchs, reife Trauben, die grünen Dinger, alle Bemühungen, er, der Fuchs, sie, der Ärmste, er, sie, die Fabel, viele Leute

Text 4: Der Fuchs und die Trauben

Ein ____________________ kam an einem hohen Rebstock vorbei. An dem Weinstock hingen ______________________________. ______ sah die Trauben und verspürte Hunger. __________________ versuchte nun auf alle möglichen Arten, an die Trauben heranzukommen. Aber ______ hingen einfach zu hoch. _______________ ______________________ nutzten ihm nichts. Schließlich gab __________________ seine Bemühungen auf. Aber eine Ausrede legte ______ sich doch zurecht: „____________________________________ sind noch nicht reif und außerdem viel zu sauer. Am Ende würde _________ sich nur die Zähne an ihnen ausbeißen!" __________________ lehrt, dass ___________________________ das schlechtmachen, was ________ nicht erreichen können.

nach Äsop

Regel

Prädikat

Sätze geben Auskunft darüber, **was geschieht oder was getan wird**.
Das Satzglied, welches diese Auskunft gibt, ist das Prädikat. Manchmal besteht es aus zwei Teilen, die nicht direkt nebeneinanderstehen.
Prädikate können **einteilig** oder **mehrteilig** sein.

Tipp

Wenn du bei Aussagesätzen die **Umstellprobe/Verschiebeprobe** machst, stellst du fest, dass einteilige Prädikate immer an zweiter Stelle des Satzglieds stehen. Bei mehrteiligen Prädikaten steht das konjugierte Verb (die Personalform des Verbs) an zweiter Stelle des Satzglieds, der Rest steht am Satzende. Daher spricht man von einer **Prädikatsklammer**.
Mehrteilige Prädikate bestehen

+ bei zusammengesetzten, aber trennbaren Verben aus dem Verb und einem Zusatz.
  Beispiel: *anstreichen → Eulenspiegel strich mit Hingabe die Fensterscheiben an.*
+ bei zusammengesetzten Zeitformen des Verbs aus dem Hilfsverb und dem Verb im Partizip II bzw. Infinitiv.
  Beispiel: *streichen → hatte gestrichen: Eulenspiegel hatte die Fensterscheiben weiß gestrichen.*
  spielen → wird spielen: Eulenspiegel wird einen Streich spielen.

11 Bilde mit jedem Verb einen Satz mit mindestens vier Satzgliedern.

nachkommen, hervorheben, anrufen, absagen, ausschließen, abwehren, ausruhen, abschreiben, vorbeikommen, abholen

___

___

___

___

___

___

___

12 Im Text 5 passiert (noch) nichts. Setze die Prädikate aus der Liste der Reihe nach in der richtigen Form in die Lücke ein.

arbeiten, verlangen, sagen, streichen, können, machen, murren, nehmen, beginnen, streichen, gehen, trinken, kommen, treffen, haben, machen, brüllen, schnappen, fragen, haben, streichen, befehlen, haben, sollen, streichen, brüllen, wollen, verpassen, haben, davonmachen

Text 5: Eulenspiegel und die weißen Fenster

Eulenspiegel ______________ schon einige Zeit bei einem Malermeister. Der ______________ immer mehr von seinem Gesellen. Eines Tages, kurz vor Feierabend, ____________________ er zu Eulenspiegel: ____________________ noch die Fenster, dann ______________________ du Feierabend ___________________!

Eulenspiegel ________________ zwar, ________________ dann doch den Pinsel und die Farbe und ______________________ zu ______________________.

Der Meister ___________ inzwischen ins Gasthaus und _________________ ein Bier und noch ein zweites. Dann ___________ er zurück. Da ___________ ihn fast der Schlag. „Was ___________ du denn da ___________________!" ______________ er und ______________ nach Luft. „Wieso?", ___________ Eulenspiegel. „Ich ______________ die Fenster ___________________, genau so, wie ihr es ______________________ ________________." „Du ____________________ die Fensterrahmen _________________ und nicht die Fensterscheiben!", ___________ der Meister und ______________ Eulenspiegel eine Ohrfeige _________________. Der aber ________ sich schon _________________________.

Tipp

Zusammengesetzte Verben, die eine Satzklammer bilden, werden im Infinitiv und im Partizip II zusammengeschrieben!

Regel

Subjekt und Prädikat

Subjekt und Prädikat haben immer unmittelbar miteinander zu tun, sie beziehen sich aufeinander. Das hat einige Auswirkungen.

- Das **Subjekt** gibt **Auskunft über denjenigen, der etwas tut** und um den es vor allem geht. Man spricht auch vom Satzgegenstand. Das Subjekt steht **im Nominativ**.
- Das **Prädikat** gibt **Auskunft über das Geschehen**. Man spricht auch von der Satzaussage.
- Beide zusammen bilden den Kern des Satzes. Jeder vollständige Satz hat ein Subjekt und ein Prädikat. Beide sind aufeinander abgestimmt: Steht das Subjekt im Plural, so steht das Prädikat auch im Plural. Ist das Subjekt ein Personalpronomen, richtet sich das Prädikat nach der Person.

13 Schreibe den Dialog um und setze die richtigen Verbformen ein.

Der preußische König Friedrich Wilhelm III. hatte einen Sprachtick: Er verwendete nur den Infinitiv. Seine Frau, Königin Luise, hatte einen Jugendfreund, Baron Viereck, mit demselben Sprachtick. Als die Männer sich begegneten, fand ein ungewöhnlicher Dialog statt.

König: „Mich freuen. Angenehm gereist sein. Königin schon warten. Berlin hoffentlich gefallen."

Baron: „Herzlichsten Dank erlauben. Ihrer Majestät ‚Guten Tag' sagen."

König: „Nach Potsdam fahren. Stallmeister schon Bescheid wissen."

Baron: „Müssen um Erlaubnis bitten. Gepäckwagen vor dem Halleschen Tor stehen."

König: „Warum vor Hallesches Tor stehen, wenn von Darmstadt kommen?"

Baron: „Verirrt haben und falsche Straße gefahren."

König: „Kutscher oft dumm sein. Aber nicht entschuldigen brauchen. Zeit lassen."

Baron: „Gepäckwagen abwarten, denn Kleider brauchen. Dann Königin begrüßen. Erlauben mir, herzlichst danken."

Der König sagte verwundert zu seinem Kabinettsminister: „Einfältiger Herr sein. Nicht vernünftig reden. Aber er Königin gefallen. Nicht verstehen." Nun brachen die anwesenden Hofleute in ein schallendes Gelächter aus. [...] Der König ermahnte seine Leute: „Mein Gast sein. Nicht spotten. Königin nicht betrüben dürfen."

Regel

Gleichsetzungsnominativ

- Nach einigen Verben wie *sein*, *bleiben* oder *werden* steht neben dem Subjekt ein weiteres Satzglied im Nominativ. Dieses Satzglied ist unentbehrlich. Man spricht in diesem Fall vom **Gleichsetzungsnominativ**. Er gehört direkt zum Subjekt, das er ergänzt.
- Der Gleichsetzungsnominativ kann gebildet werden:
  1. von einem Nomen (+ Ergänzung): *Juri ist ein großer Schlaumeier*
  2. von einem Adjektiv (+ nähere Bestimmung): *Juri ist ganz schön schlau.*

14 Im Lied von der Vogelhochzeit tauchen mehrmals „Problemfälle" auf: Es gibt zum Beispiel zwei Nominative, die als Subjekte infrage kommen.

a) Wie erklärst du dir das?

b) Suche Beispiele aus dem Text.

Beispiel: *Brautmutter ist die Eule. Wer ist Brautmutter? Wer ist die Eule?*

Regel

Objekte

Viele Prädikate fordern außer dem Subjekt noch eine Ergänzung oder zwei Ergänzungen (Objekte). Weitere Ergänzungen sind möglich, aber nicht zwingend.

- **Akkusativobjekte** sind Ergänzungen der Satzaussage, die auf die Wen- oder Was-Frage antworten: *Der Zug erreichte den Bahnhof.*
- **Dativobjekte** heißen die Ergänzungen, die auf die Wem-Frage antworten: *Das Fahrrad gehört dem fremden Jungen.*
- **Genitivobjekte** sind Ergänzungen, die auf die Wessen-Frage antworten. Es gibt nur wenige Verben, die eine Ergänzung im Genitiv erfordern: *Der fremde Mann bediente sich eines Tricks.*
- **Präpositionalobjekte** sind Ergänzungen, die mit einer Präposition eingeleitet werden. Sie antworten auf die Frage „Auf wen?" oder „Auf was?": *Anna-Lena achtete nicht auf ihre Aussprache.*

15 Da fehlt doch was! Setze geeignete Objekte ein.

Kerstin schenkte ____________________ ________________________.

Der vornehme Herr überreichte ____________________ ____________________.

Jenny achtete nicht ____________________, ihr Bruder übersah ______________.

Lukas malt ____________________ ________________________.

16 Unterstreiche im Text 6
a) die Subjekte rot,
b) die Prädikate schwarz,
c) die Dativobjekte hellgrün,
d) die Akkusativobjekte grün,
e) die Präpositionalobjekte blau,
f) die Genitivobjekte orange.

Text 6: Der Fuchs und der Storch

Ein Fuchs hatte einen Storch zu Gast gebeten.
Er setzte ihm die leckersten Speisen vor, servierte sie aber auf ganz flachen Schüsseln. Der hungrige Storch konnte mit seinem langen Schnabel daher nichts fressen. Gierig fraß der Fuchs alles allein. Gleichzeitig forderte er den Storch auf, es sich doch schmecken zu lassen. Der Storch sah sich betrogen, blieb aber heiter, lobte die Bewirtung und bat seinen Freund, am nächsten Tage bei ihm zu Gast zu sein.

Der Fuchs traute ihm nicht und wollte einer Blamage entgehen. Darum wies er die Einladung ab. Der Storch aber bat ihn immer wieder, und der Fuchs sagte ihm endlich zu. Als er nun anderen Tages zum Storch kam, fand er alle möglichen Leckerbissen aufgetischt. Aber sie steckten in langhalsigen Geschirren. Das passte ihm natürlich nicht. „Folge meinem Beispiele", rief ihm der Storch zu, „bediene dich!" Und er schlürfte mit seinem Schnabel alles allein, während der Fuchs nur das Äußere der Geschirre belecken und den Duft der Speisen riechen konnte. Hungrig stand er vom Tische auf und gab zu, dass ihn der Storch für seinen Mutwillen hinlänglich gestraft und ihm eine deutliche Lehre erteilt habe. Sein ursprünglicher Streich war ihm gründlich misslungen.

nach Äsop

Tipp

Subjekt und Objekt erfragen

Nur wenn du richtig fragst, kannst du Subjekt und die Objekte bestimmen:

Wer/Was? → Subjekt
Wen/Was? → Akkusativobjekt
Wem? → Dativobjekt
Wessen? → Genitivobjekt
Auf wen?/Auf Was? An wen/An was? → Präpositionalobjekt

Beim Präpositionalobjekt liegst du meist richtig, wenn du ein Fragewort einsetzen kannst, das eine Präposition enthält (*Woran? Wofür? Wozu? Wogegen?*).

Regel

Adverbiale Bestimmungen (Adverbialien)

Es gibt weitere ergänzende Satzglieder, die eine Satzaussage noch genauer erläutern. Satzglieder, die über **die näheren Umstände eines Geschehens, Ablaufs oder einer Handlung** informieren, nennt man adverbiale Bestimmungen oder Adverbialien (Singular: das Adverbiale). Je nachdem, um welche Umstände es sich handelt, unterscheidet man:

1. adverbiale Bestimmung des Ortes (Frage: Wo? Wohin? Woher? Wie weit?),
2. adverbiale Bestimmung der Zeit (Frage: Wann? Wie lange?),
3. adverbiale Bestimmung der Art und Weise (Frage: Wie? Auf welche Weise?).

17 Markiere die verschiedenen adverbialen Bestimmungen in der Fabel.

a) Unterstreiche die Bestimmungen des Ortes rot,
b) Bestimmungen der Zeit grün,
c) Bestimmungen der Art und Weise blau.

Das Lamm und der Wolf

Ein Lämmchen löschte eines Tages an einem Bache seinen Durst. Fern von ihm, aber näher an der Quelle, tat ein Wolf zur selben Zeit das Gleiche. Kaum erblickte er das Lämmchen, schrie er laut und böse:

„Warum trübst du mir das Wasser, das ich gerade trinken will?"

„Wie wäre das möglich", erwiderte schüchtern das Lämmchen, „ich stehe hier unten und du so weit oben; das Wasser fließt ja von dir zu mir, denn du stehst oben und ich unten. Glaube mir, es kam mir nie in den Sinn, dir etwas Böses zu tun!"

„Ei, sieh doch! Du machst es gerade so schlimm, wie dein Vater vor sechs Monaten; ich erinnere mich noch ganz genau. Du warst damals dabei, als ihr mir hier am Bach schon einmal das Wasser verdorben habt, aber du bist glücklich entkommen. Deinem Vater habe ich für seine Bosheit das Fell abgezogen!"

„Ach, Herr!" flehte zitternd das Lämmchen, „ich wurde ja erst vor vier Wochen geboren und kannte meinen Vater gar nicht. Er ist er schon so lange tot. Warum soll ich denn heute und hier für ihn büßen?"

„Du Unverschämter!", fletschte der Wolf mit erheuchelter Wut die Zähne. „Ich weiß doch ganz genau, dass euer ganzes Geschlecht mich seit eh und je hasst, und dafür werde ich mich jetzt endlich rächen." Ohne weitere Umstände machte er mehrere Sätze, zerriss wütend das Lämmchen und verschlang es auf der Stelle.

nach Äsop

18 Die Polizei soll ermitteln. Es gibt zwar einen Bericht, aber in dem fehlen alle adverbialen Angaben. Füge die fehlenden Bestimmungen ein.

erheblich / zwei Stunden nach Mitternacht / Konzert / gegen 22.00 Uhr / kein Schloss der Kirche / etwa um 24.00 Uhr / 12.12. 08 / schließlich / der Orgel / Beendigung seines Spiels / am Abend / Kirche / Würzburg / mit dem Handy / erfolglos / vergebens / ruhig / nach Hause / gegen 2 Uhr

Am ____________ läuteten ____________________________________ in einer ____________________ in ____________________ alle Glocken und störten die Nachtruhe ____________________. Das Läuten wurde verursacht vom Organisten der Kirche. Er hatte ____________________ auf ____________________ für ein ____________________ geübt. ____________________ übergab ihm der Kirchendiener einen Schlüssel, mit dem er nach ____________________________________ die Kirche verlassen konnte. ____________________ wollte der Organist ____________________ gehen, musste aber feststellen, dass sein Schlüssel in ____________________________________ passte. Sein Versuch, jemanden ____________________ zu erreichen, scheiterte. Weitere Möglichkeiten, die Kirche zu verlassen, erprobte er ____________________. Ebenso ____________________ versuchte er, auf sich aufmerksam zu machen, indem er die kleine Glocke der Kirche läutete. Alles blieb ____________________. ____________________ entschloss er sich, das große Geläut einzuschalten. Der Pfarrer wurde geweckt und konnte ____________________ den Musiker befreien.

24 – 26 Benenne die drei Satzarten und erläutere die jeweilige Redeabsicht.

24 ____________________

25 ____________________

26 ____________________

27 Aus wie vielen Wörtern muss ein Satz mindestens bestehen? ____________

Nenne ein Beispiel. ____________________

28 / 29 Welche Arten von Fragesätzen unterscheidet man? Erläutere die Bezeichnungen.

28 ____________________

29 ____________________

30 Erkläre den Unterschied zwischen einer Satzreihe und einem Satzgefüge.

____

____

31 Bilde ein Beispiel für eine Satzreihe und ein Satzgefüge.

____

____

32 Welches Satzglied antwortet auf die Frage „Was geschieht?" ____________

33 Welches Satzglied antwortet auf die Frage „Wer handelt?" ____________

34 Welches Satzglied beantwortet die Frage „Wen oder Was?" ____________

35 Welches Satzglied antwortet auf die Frage „Wem gilt das Geschehen?"

____

36 Welches Satzglied beantwortet die Frage „Auf wen bzw. was bezieht sich das Geschehen?" ____________________

1 Unterstreiche die Hauptsätze rot und die Nebensätze grün. __/6

Die Eiche und das Schwein (nach Lessing)
Ein gefräßiges Schwein mästete sich unter einer hohen Eiche mit den Früchten, welche herabgefallen waren. Während es die eine Eichel zerbiss, verschluckte es bereits eine andere mit dem Auge und suchte nach einer dritten.
„Du bist ein undankbares Vieh!", rief endlich der Eichbaum herab. „Du nährst dich von meinen Früchten, aber du richtest nicht einen einzigen dankbaren Blick auf mich in die Höhe."
Das Schwein hielt einen Augenblick inne. Dann grunzte es: „Meine dankbaren Blicke sollten nicht außen bleiben, wenn ich nur wüsste, dass du deine Eicheln meinetwegen hättest fallen lassen."

2 Führe in den folgenden Sätzen die Verschiebeprobe durch. Schreibe zu jedem Satz mindestens drei Möglichkeiten auf. __/6

a) In früheren Zeiten gab es in der Schule unheimlich viele Hausaufgaben.

____

____

____

____

____

____

b) Mirko stürzte gestern Mittag mit seinem neuen Fahrrad auf den Bürgersteig.

____

____

____

____

____

____

__/21 **3** Markiere die Entscheidungsfragen rot, die Ergänzungsfragen grün, die Aussagesätze schwarz und die Aufforderungen lila.

Die junge Schwalbe (nach Lessing)
„Was macht ihr da?" fragte eine junge Schwalbe die geschäftigen Ameisen. „Wir sammeln Vorrat für den Winter", war die Antwort. „Das ist klug", sagte die Schwalbe. „Wäre das auch etwas für mich?"
„Sammle doch auch!" forderten die Ameisen die junge Schwalbe auf. Und gleich fing sie an. Sie trug eine Menge toter Spinnen und Fliegen in ihr Nest. „Aber wozu soll das gut sein?" fragte endlich ihre Mutter.
„Wozu? Das ist Vorrat für den bösen Winter, liebe Mutter. Willst du nicht auch sammeln? Die Ameisen haben mich diese Vorsicht gelehrt." „Lass nur die Ameisen!" versetzte die Mutter. „Uns Schwalben hat die Natur ein schöneres Los bereitet. Pass auf! Wenn der reiche Sommer sich wendet, dann ziehen wir fort von hier."

__/7 **4** Erfrage in jedem Satz das Subjekt und unterstreiche es.

Am Sonntag besuchte die Familie den Zoo. Vater wurde hinter dem Eingang kontrolliert. Nina kicherte, Mama ermahnte sie und Vater suchte seine Eintrittskarte. Er hatte seine Eintrittskarte in der Hand. Der Kontrolleur war zufrieden.

__/14 **5** In den folgenden Sätzen sind einzelne Satzglieder hervorgehoben. Erfrage diese Satzglieder. Notiere das Fragewort und die Bezeichnung.

a) Lena erinnerte sich noch rechtzeitig ***des Geburtstags*** ihrer Freundin. ____________

b) Lars hatte ***sie*** auf dem Schulhof daran erinnert. ____________

c) In der Pause näherte sich Lena ***ihrer Freundin*** etwas zögerlich. ____________

d) Sie sagte: „Ich gratuliere ***dir*** ganz herzlich!" ____________

e) Die Freundin fragte: „Kommst du heute Mittag ***zu mir***?" ____________

f) Lena: „Natürlich komme ***ich***. Und ***ein Geschenk*** bringe ich auch mit." ____________

____

g) Kira wünschte ***ihrem Vater viel Glück*** zum Geburtstag. ____________

____

6 Unterstreiche im Text die Subjekte rot, die Prädikate schwarz, die Dativobjekte gelb, die Akkusativobjekte grün, die Präpositionalobjekte blau, die Genitivobjekte lila. ___/28

Der Löwe und die Maus (nach Jean de La Fontaine)
Gerade zwischen den Tatzen eines Löwen kam eine leichtsinnige Maus aus der Erde. Der König der Tiere aber zeigte sich wahrhaft königlich und schenkte ihr das Leben. Diese Güte wurde ihm später von der Maus gelohnt.
Jäger hatten ein Netz aufgestellt. Sie wollten in dieser Falle den Löwen fangen. Eines Tages fing sich der Löwe tatsächlich in dem Netz. Er brüllte schrecklich in seinem Zorn - aber das Netz hielt ihn fest. Da kam unsere Maus herbeigelaufen. Sie erinnerte sich der Gnade, die der Löwe einst walten ließ, und zernagte einige Maschen. Der Löwe kam der Freiheit mit jeder zerbissenen Masche näher und bald konnte er das ganze Netz auseinanderziehen. So war es am Ende die Maus, die dem Löwen die Freiheit schenkte.

7 Was ist ein „Gleichsetzungsnominativ"? Bilde zwei Beispiele. ___/5

____

____

____

8 Erfrage die adverbialen Bestimmungen und unterstreiche sie mit verschiedenen Farben. ___/22

Auf einem Baum saß ein Kuckuck. Gegenüber von ihm brütete ein Fink. Seit zwei Stunden rief der Kuckuck sein „Kuckuck". Das wurde dem Fink so langsam zu viel. Er flog zum Kuckuck und wollte ihn aus dem Revier scheuchen. Der Kuckuck aber flog nur weiter zum nächsten Baum und rief nun nur noch lauter. Der Fink wurde böse. Er zwitscherte heftig und setzte zum Sturzflug auf den Kuckuck an. Der aber hüpfte einfach auf den nächsten Ast. So ging das lange Zeit. Inzwischen hatten sich die beiden schon weit vom Nest entfernt. Diese Gelegenheit nutzte nun Frau Kuckuck. Sie legte dem Fink ihr Kuckucksei ins Nest. Als der Fink müde zurückkam, merkte er nichts und brütete weiter. Als dann später die Kücken geschlüpft waren und eines davon immer größer wurde, war es zu spät. Herr und Frau Fink fütterten das Kuckuckskind als ihr eigenes. Dies aber warf nach und nach alle Finkenkinder aus dem Nest.

Gesamtpunktzahl ___/109

4. Grammatik: Wortarten

Wörter sind die kleinsten Einheiten einer Sprache, die einen Sinn vermitteln. Je nachdem, was sie bezeichnen bzw. welche Aufgabe sie haben, werden sie nach Wortarten unterschieden. Substantive, Adjektive, Verben und Pronomen sind einige der wichtigsten Wortarten.

4.1 Substantive

Regel

Substantive

- Das **Substantiv**, auch **Nomen** genannt, bezeichnet Personen (*Vater*), Lebewesen (*Vogel*), Dinge (*Messer*) und Mengen (*Haufen*), Tätigkeiten (*Leitung*), Zustände (*Ordnung*), Vorstellungen (*Traum*) und Eigenschaften (*Klugheit*). Es wird oft **von einem Artikel begleitet,** der vor dem Substantiv steht.
- Am Artikel erkennt man das grammatische Geschlecht (lateinisch: Genus) des Substantivs. Es kommen drei Geschlechter (Genera) infrage:
  1. **Maskulinum**: **der** Wind, **der** Schornstein, **der** Hase.
  2. **Femininum**: **die** Wolke, **die** Nase, **die** Maus.
  3. **Neutrum**: **das** Wetter, **das** Kind, **das** Tier.

1 Unterstreiche die Substantive mit verschiedenen Farben.

a) blau: Maskulinum
b) rot: Femininum
c) grün: Neutrum

Text 1: Janas Kaninchen

Jana besitzt drei Kaninchen. Das älteste heißt Willi, ist schwarz-weiß gescheckt und frisst am liebsten Möhren. Das zweite trägt den Namen Fridolin und hat ein hellbeiges Fell. Neben Fridolin wohnt Flecki. Er hat seinen Namen von den dunkelbraunen Flecken auf seinem weißen Fell. Einen Teil ihrer Freizeit braucht Jana schon für ihre Tiere. Jede Woche muss sie die Käfige reinigen und neues Streu verteilen. Täglich werden die Wasserbehälter kontrolliert und mit frischem Wasser gefüllt. Futter besorgt Jana im Sommer von der Wiese. Da sind es besonders die Blätter des Löwenzahns, die die Kaninchen mögen. Im Winter muss Jana Heu besorgen und auch mal ein wenig frisches Gemüse oder Salat. Körnerfutter mag besonders Flecki.

Tipp

Wenn du ein Wort durch Wer? oder Was? ersetzen kannst oder wenn du einen Artikel davorsetzen kannst, hast du es mit einem Substantiv zu tun. Am Artikel erkennst du dann auch das Genus (Geschlecht) des Substantivs.

Regel

Deklination des Substantivs

- Das Substantiv verändert seine Form je nach der Rolle, die es im Satz als Satzglied spielt. Es wird **dekliniert**.
  - Als **Subjekt** steht es im **Nominativ** und antwortet auf die Frage **Wer**?
  - Als **Dativobjekt** steht es im **Dativ** und antwortet auf die Frage **Wem**?
  - Als **Akkusativobjekt** steht es im **Akkusativ** und antwortet auf die Frage **Wen**?
  - Als **Genitivobjekt** steht es im **Genitiv** und antwortet auf die Frage **Wessen**?

  Diese verschiedenen Fälle nennt man **Kasus** (Plural: Kasus mit langem u).
- Je nachdem, ob das Substantiv ein Ding oder mehrere Dinge bezeichnet, steht es im entsprechenden **Numerus**. Geht es um ein Ding, steht es im **Singular** (in der Einzahl), bei mehreren Dingen steht es im **Plural** (Mehrzahl).

2 Fülle die folgende Tabelle aus.
a) Suche aus dem Text 1 Beispiele.
b) Bilde eigene Beispiele, wenn du keine Beispiele im Text findest.

		Maskulinum	**Femininum**	**Neutrum**
Singular	Nominativ			
	Genitiv			
	Dativ			
	Akkusativ			
Plural	Nominativ			
	Genitiv			
	Dativ			
	Akkusativ			

3 Es gibt verschiedene Arten, den Plural zu bilden. Bilde von den Substantiven in der Tabelle den Nominativ Plural.

Nominativ Singular	Nominativ Plural	Pluralbildung
der Vater		a → ä: Umlaut
der Hut		u → ü: Umlaut, -e
das Kind		-er
der Baum		au → äu, -e
der Berg		-e
das Bett		-en
die Hütte		-n
die Kuh		
das Schwein		
das Blatt		
der Kamm		
das Fenster		
das Ohr		
die Schaukel		

Info plus

Schweine sind intelligente Tiere. Wenn jemand sagt **„Das kann kein Schwein lesen"**, bezieht sich diese Redensart aber nicht auf unsere Nutztiere, sondern der Sage nach auf einen Familiennamen. Im 17. Jahrhundert lebte in Schleswig-Holstein eine Gelehrtenfamilie namens Swyn. Sie war sehr hilfsbereit und deshalb kamen die Bauern vertrauensvoll mit Briefen und Urkunden zu ihr, um sich die Schriftstücke vorlesen zu lassen. Wenn jedoch selbst ein Angehöriger dieser Familie etwas nicht entziffern oder verstehen konnte, hieß es: „Dat kann keen Swyn lesen!"

nach: Lutz Röhrich: Das große Lexikon der sprichwörtlichen Redensarten Band 3, Herder Verlag, Freiburg/Basel/Wien 1992, S. 1442.

Regel

Artikel

Die Substantive haben meist Begleiter, die Auskunft über das Genus (Geschlecht) des Substantivs geben. Diese Begleiter heißen Artikel. Es gibt **bestimmte Artikel** (*der, die, das*) und **unbestimmte Artikel** (*ein, eine, ein*).
- Der bestimmte Artikel steht dann, wenn der Sachverhalt schon bekannt ist.
- Führt man etwas in einem Text neu ein, benutzt man zunächst den unbestimmten Artikel: *Es war einmal ein König …*

4.2 Adjektive

Regel

Adjektive

+ Adjektive geben Informationen über **Eigenschaften und Merkmale** von Personen und Dingen. In dieser Funktion begleiten sie Substantive und wirken als **Attribute** im Satz. Sie richten sich in ihrer Form nach den Substantiven und werden entsprechend **dekliniert**, das heißt sie verändern **Numerus**, **Genus** und **Kasus**.
  Beispiel: *das stille Kind; dem stillen Kind, die stillen Kinder;*
  ein kluges Kind, einem klugen Kind, einige kluge Kinder.
+ Adjektive können auch **Vorgänge, Handlungen und Geschehnisse** näher charakterisieren. Sie treten dann als **adverbiale Bestimmungen** zum Verb auf und bleiben unverändert. Ebenso unverändert bleibt das Adjektiv, wenn es zusammen mit *sein* gebraucht wird: *Die Kinder sind klug.*

4 Notiere vier Sätze in dein Heft. Verwende *schön* und *leicht* jeweils einmal als Adjektiv und einmal als adverbiale Bestimmung.

Regel

Steigerung der Adjektive

Adjektive können das Ergebnis eines Vergleichs beschreiben. Sie können zum Beispiel sagen, was schön, was schöner und was am schönsten ist. Sie können also **gesteigert** werden. Es gibt drei Vergleichsformen:

1. **Positiv** (Grundform): *schön,*
2. **Komparativ** (Höherstufe): *schöner,*
3. **Superlativ** (Höchststufe): *am schönsten.*

5 Ergänze in der Tabelle die fehlenden Formen.

Positiv	Komparativ	Superlativ
groß		
	besser	
böse		
		am wunderbarsten
mühsam		
		am meisten
dumm		
	leichter	
	stärker	

Regel

Ausnahmefälle bei der Steigerung

Nicht alle Adjektive lassen sich regelmäßig steigern. Zu den Ausnahmen gehören zum Beispiel *gut – besser – am besten* und *viel – mehr – am meisten*.
Einige Adjektive lassen sich gar nicht steigern, denn eine Steigerung ergäbe keinen Sinn, wie zum Beispiel bei **tot** („toter" geht nicht!) oder **einzig**. (Manche sagen: „Einzig" ist das einzige Adjektiv, das man nicht steigern kann.")
Auch **Adjektive auf -los** lassen sich nicht steigern (z. B. *zahnlos*).

Tipp

In manchen Regionen werden über den Superlativ hinaus weitere Steigerungen gebildet, zum Beispiel *schön – schöner – am schönsten – am allerschönsten – am allerschönsten überhaupt* … Diese Ausdrücke sind in der Umgangssprache möglich, du solltest sie aber nicht in der geschriebenen Sprache verwenden.

6 **Im Text 2 sind die Adjektive verloren gegangen. Wähle aus der Liste das geeignete Adjektiv aus, bilde die passende Form und füge sie ein. (Die Reihenfolge ist schon vorgegeben.)**

klein, viel, schlimm, grenzenlos, fremd, plötzlich, laut, heftig, neu, vollständig , lang, ernst, zerbrochen, besonders, schlimm, schlimm, schlimm, schlimm, schnell

Text 2: Simon zeigt Reue

Als ______________ Junge hatte Simon ___________ übrig für das Raufen.

Seine Lehrerin fand das besonders _______________ und versuchte immer

wieder, ihm seine __________________ Lust am Raufen auszutreiben. Eines Tages,

als Simon wieder einmal dabei war, sich vor der Schule mit einem _____________

Jungen zu balgen, hörte man ________________ ein ___________ Scheppern.

Beim ________________ Zuschlagen mit dem Schulranzen hatte Simon seine

________ Butterbrotsdose ________________ zertrümmert.

Da hielt ihm die Lehrerin eine ___________ Strafpredigt. Ihre _____________

Vorhaltungen wegen der ____________________ Dose machten keinen

____________________ Eindruck, aber trotzdem wirkte Simon am Ende etwas

zerknirscht. Auf die Frage, was denn nun das _________________ Erlebnis bei

dieser Keilerei gewesen sei, antwortete Simon: „_________________ war, dass

ich einige Schläge nicht richtig abgewehrt habe. _________________ war, dass

meine Brotdose in die Brüche ging und so

mein ganzes Taschengeld draufgeht. ______

________________ aber war, dass ich nicht

______________ genug abgehauen bin und

mich von Ihnen erwischen ließ!"

4.3 Verben

Regel

Verben

- Die Wörter, die Tätigkeiten, Zustände oder Geschehen bezeichnen, nennt man Verben. Die **Grundform** der Verben heißt **Infinitiv**.
- Das Verb kommt im Satz in verschiedenen Formen vor, denn es verändert sich und ist dabei abhängig von Person und Numerus seines Subjekts. Die verschiedenen Formen des Verbs informieren über die **Person**, die etwas tut (*ich, du, er/sie/es, wir, ihr, sie*) und über die **Zeit**, in der die Tätigkeit stattfindet. Diese Formen heißen **finite Formen** oder **Personalformen** des Verbs.

7 Carlo ist noch nicht lange in Deutschland, aber er will Deutsch lernen. Die Verbformen bereiten ihm noch Probleme. Setze statt des Infinitivs die richtige Form ein und schreibe den korrigierten Text auf.

Ich gestern gehen zum Sportplatz. Viele Kinder sein dort. Die Kinder spielen Fußball. Ich fragen: „Können ich mitspielen?" Die Kinder kommen an den Rand und lachen. Ich nicht wissen, warum sie lachen. Ich fragen: „Ihr mich auslachen?" Die Kinder rufen: „Nein! Wir lachen über die Schuhe." „Haben Turnschuhe im Beutel", ich erklären. Die Kinder sagen: „Gut, dann geben kein Problem!" Ich kommen in Mannschaft von Jo. Jo richtig gut mit mir zusammenspielen. Ich können schnell rennen. Darum Jo mir geben gute Vorlage, ich sehen nach dem Tor und schießen. „Tooor!", rufen alle. Ganze Mannschaft mir gratulieren. Ich haben jetzt neue Freunde.

Regel

Zeitstufen und Tempora

Das Verb steht in einem **Tempus**, enthält also **Informationen zur Zeit**. Man unterscheidet die Zeitstufen Gegenwart, Vergangenheit und Zukunft. Die Zeitstufen beziehen sich auf das Geschehen selbst, das Tempus bezieht sich auf die Form des Verbs. Beide stimmen nicht immer vollkommen überein.

- Das **Präsens** kann ein Geschehen in der Gegenwart beschreiben, aber auch ein zukünftiges Geschehen ansprechen oder einen Vorgang, der sich wiederholt: *Morgen regnet es bestimmt. Ich gehe täglich zur Schule.*
- Das **Präteritum** bezeichnet einen Vorgang, der in der Vergangenheit ablief. Es wird als Erzähltempus in Erzählungen benutzt: *Es war einmal …*
- Das **Perfekt** zeigt ebenfalls an, dass der Vorgang in der Vergangenheit ablief. Es wird meist beim mündlichen Erzählen benutzt: *Ich habe gesehen …*
- Das **Plusquamperfekt** bezeichnet ein Geschehen, das noch weiter zurückliegt als das Geschehen, von dem im Präteritum berichtet wird: *Ich hatte gehört …*
- Das **Futur** beschreibt Vorgänge, die in der Zukunft liegen: *Ich werde lesen …*

8 Bilde von den genannten Verben die 1. Person Singular Präteritum und die 1. Person Singular Perfekt. Lege in deinem Heft eine Tabelle an und trage die Formen ein.

gehen, stehen, finden, bitten, helfen, frieren, schneiden, vergessen, sitzen, wissen, laufen, verlieren singen, trinken, fliegen

Infinitiv	1. Person Singular Präteritum	1. Person Singular Perfekt
gehen	ich ging	ich bin gegangen

Regel

Vergangenheitsformen

Die Verben bilden die **Vergangenheitsformen** auf zwei verschiedene Weisen:

- Bei den sogenannten **schwachen Verben** wird im Präteritum zwischen Stamm und Endung ein **-t-** eingefügt. Das Partizip Perfekt wird gebildet durch die Vorsilbe **ge-**, den **Wortstamm** und das **-t** (als Vergangenheitssignal).
  Beispiel: *machen, mach-t-e, ge-mach-t*
- Bei den **starken Verben** wird im Präteritum der **Stammvokal verändert**. Beim Partizip Perfekt wird ebenfalls der Stammvokal verändert (das kann aber ein anderer sein als im Präteritum!), die Vorsilbe **ge-** vorangestellt und **-en** angehängt.
  Beispiel: *finden, fand, ge-fund-en*

9 Vielleicht kennst du das Gedicht „Gefunden" von Goethe. In dieser Version stehen alle Verbformen im Infinitiv. Schreibe die richtigen Formen neben die Strophen.

Gefunden
Ich ***gehen*** im Walde
So für mich hin,
Und nichts zu suchen,
Das ***sein*** mein Sinn.
Im Schatten ***sehen*** ich
Ein Blümchen stehn,
Wie Sterne leuchtend,
Wie Äuglein schön.
Ich ***wollen*** es brechen,
Da ***sagen*** es fein:
Sollen ich zum Welken
brechen sein?
Ich ***graben*** es mit allen
Den Würzlein aus.
Zum Garten ***tragen*** ich's
Am hübschen Haus.
Und ***pflanzen*** es wieder
Am stillen Ort;
Nun ***zweigen*** es immer
Und ***blühen*** so fort.

Johann Wolfgang von Goethe; aus: Erich Trunz (Hrsg.): Goethes Werke Bd. 1, Wegener Verlag, Hamburg 1964, S. 254 f.

4.4 Pronomen

Regel

Pronomen

Pronomen stehen für Nomen bzw. Substantive.

- **Personalpronomen** geben Auskunft darüber, wer etwas tut, zum Beispiel im Gespräch: *ich/wir* = Sprecher, *du/ihr* = der/die Angesprochene, *er/sie/es/sie* = das, worüber gesprochen wird.
  Pronomen werden nach Numerus und Kasus dekliniert. In der dritten Person Singular wird auch das Genus unterschieden (*er* – *sie* – *es*).
- **Possessivpronomen** geben Auskunft über Besitzverhältnisse. Die Possessivpronomen werden nach Genus, Numerus und Kasus dekliniert. Sie richten sich in Kasus und Numerus nach dem Beziehungswort.

Personalpronomen (Sg.)	Possessivpronomen (Sg.)	Personalpronomen (Pl.)	Possessivpronomen (Pl.)
ich	mein	wir	unser, unsere
du	dein, deine	ihr	euer, eure
er/es	sein, seine	sie	ihre
sie	ihr		

10 Korrigiere die Personalpronomen am Rand.

Jana, Lena und Sabrina spielen auf dem Schulhof Seilhüpfen. Da kommt Selina dazu und bittet: „Lasst mir auch mal hüpfen!" Die Lehrerin hört das und versucht, sie zu korrigieren: „Lass mich mal hüpfen!" „O ja!", sagt da Lena. „Lass ihr mal hüpfen!"

11 *mir* oder *mich*? Setze das richtige Pronomen ein.

„Du kannst ______ viel erzählen, das interessiert ______ alles nicht!" „Aber ______ würde es viel bedeuten, wenn du ______ zuhören würdest!", antwortete Gero seinem Freund Simon. „Du hast ______ einfach so lange warten lassen, ohne ______ irgendeine Nachricht zukommen zu lassen", grollte Simon weiter. Gero versuchte, sich zu rechtfertigen: „Du kannst ________ nicht dafür verantwortlich machen, dass ________ mein Handy gestohlen wurde!" „Du hättest ________ ja wenigstens eine Karte schicken können!", erwiderte Simon.

Regel

Wortarten (Zusammenfassung)

Die Wortarten unterscheiden sich in ihrer Bedeutung und Aufgabe.

Substantive (auch: Nomen): Sie benennen Lebewesen, Dinge, Vorstellungen und Zustände.

Verben: Sie sagen, was getan wird bzw. was geschieht.

Adjektive: Sie bezeichnen Eigenschaften und sagen, wie etwas ist.

Artikel: Sie begleiten das Substantiv und geben sein Geschlecht an. Man unterscheidet unbestimmte Artikel (*ein, eine, ein*) und bestimmte Artikel (*der, die, das*).

Pronomen: Sie können für ein Substantiv/Nomen stehen (*ich, du, dieser, mein*).

Adverbien: Sie bestimmen die näheren Umstände eines Geschehens, eines Ablaufs bzw. einer Tätigkeit (*bald, dort, oben*).

Präpositionen: Sie machen Angaben über das Verhältnis zwischen einzelnen Satzgliedern (*an, im, neben, nach …*).

Konjunktionen: Sie verbinden Sätze. Es gibt Konjunktionen, die Hauptsätze miteinander verbinden (*und, oder, aber, dennoch, zwar, denn*) und solche, die Haupt- und Nebensätze miteinander verbinden (*weil, als, da*).

Numeralia: Sie machen eine Angabe über die Menge (*manche*) bzw. Zahl (*zwei*).

37 Nenne die drei Genera. ______

38 Nach welchem Objekt fragt man mit *Wen?* oder *Was*? ______

39 Was leisten die Verben? ______

40 Welche Informationen sind in der Verbform *du gehst* enthalten?

______

41 Bringe die Zeitformen in eine logische Reihenfolge:
Futur – Präsens – Plusquamperfekt – Präteritum

______

42 Was leisten Adjektive? ______

43 Nenne die drei Steigerungsstufen der Adjektive.

______

44 Nenne drei Beispiele für Adjektive, die sich nicht steigern lassen.

______

45 Was bedeutet „Deklination"? Welche Wortarten werden dekliniert?

______

______

46 Wie bilden Substantive den Plural? Nenne vier Möglichkeiten.

______

______

47 Worin unterscheiden sich starke und schwache Verben? Nenne je ein Beispiel.

______

______

1 a) Dekliniere jedes Substantiv mit dem bestimmten Artikel im Singular und im Plural. ___/30

b) Suche zu jedem Substantiv aus Aufgabe 1 ein passendes Adjektiv und dekliniere beide mit dem unbestimmten Artikel.

Baum – Laus – Kalb – Zug – Fenster

2 Bilde aus den Verben die 2. Pers. Sg. Präteritum und die 1. Pers. Sg. Perfekt. ___/24

schwimmen – lassen – schreiben – blättern – treten – verlieren – probieren – öffnen – grüßen – sitzen – dürfen – braten

3 Bilde zu jedem Adjektiv die Steigerungsformen. ___/8

Positiv	Komparativ	Superlativ
klein		
viel		
gut		
einzig		

4 Benenne die Wortarten. ___/13

In den Ferien habe ich drei Bücher gelesen, denn es hat viel geregnet.

5 a) Bilde aus den Wörtern einen Satz. (Verschiedene Sätze sind möglich.) Passe die Wortarten bei Bedarf an. ___/18

b) Bestimme die Wortarten.

Hund - Katze - Garten - jagen - mein - deine - heute - bellend

Nachbarn - beschweren - Lärm - unsere - laut - wegen

Gesamtpunktzahl ___/93

5. Erzählen

Wer erzählt, der will seine Zuhörerinnen und Zuhörer unterhalten. Sie sollen der Erzählung mit Interesse und Spannung folgen.

5.1 Erlebnisse erzählen

Regel

Handlungsschritte

Wer ein Erlebnis erzählt, will keinen Zeugenbericht wiedergeben, sondern die Zuhörer bzw. Leser unterhalten. Es ist daher nicht wichtig, sich streng an den Ablauf des Geschehens zu halten. Man kann Handlungsschritte neu ordnen, sodass sich eine **Steigerung** ergibt.

Handlungsschritte können auch ergänzt oder weglassen werden, wenn das hilft, dem Geschehen besser zu folgen. Aber das Erzählte sollte wahrscheinlich sein, d.h. es muss sich so, wie es erzählt wird, ereignet haben können.

1 a) Markiere im Text 1 die Handlungsschritte. Fasse sie in einzelnen Sätzen zusammen.
b) Erprobe eine neue Anordnung, die etwas mehr Spannung verspricht.

Text 1: Freddy war abgehauen

Freddy, mein Wellensittich, ist ein recht zahmes Tierchen. Deshalb darf er bisweilen ein wenig heraus aus seinem Käfig und in meinem Zimmer herumfliegen. Gestern aber flog er nicht nur aus dem Käfig, sondern auch aus dem Zimmer. Ich hatte vergessen, das Fenster in meinem Zimmer zu schließen. Er saß dann auf dem Apfelbaum vor meinem Fenster. Als ich versuchte, ihn einzufangen, flog er weiter zu einer Tanne. Ich lockte ihn immer wieder, aber er kam nicht zu mir zurück. Da wurde ich traurig und ging auf mein Zimmer. Freddy kam dann in seinen Käfig zurück. Ich hatte nämlich eine Idee. Ich stellte den Käfig mit geöffneter Tür auf die Fensterbank. Freddy musste Hunger gehabt haben, denn er flog sofort zu seinem Käfig und schlüpfte gleich durch die Tür, die ich dann schnell wieder verschloss.

2 Im Text 2 sind die Handlungsschritte anders angeordnet. Außerdem sind einige Ausgestaltungen dazugekommen. Vergleiche die Texte. Was fällt dir auf?

Text 2: Aufregung mit Freddy

Freddy, mein Wellensittich, war schon ein lustiger Kerl. Schon wenn ich mein Zimmer betrat, begrüßte er mich mit einem lauten Pfeifen und hüpfte aufgeregt von einer Stange zur nächsten. Er wusste, jetzt durfte er bald raus aus dem Käfig. Letzten Montag hatte ich besonders viel zu erledigen, und Freddys Pfeifen klang schon sehr verärgert. Die Luft in meinem Zimmer wurde immer stickiger, und ich machte das Fenster auf, ehe ich die letzte Mathe-Aufgabe in Angriff nahm. Endlich war es dann geschafft, und ich konnte mich Freddy zuwenden, der es schon gar nicht mehr erwarten konnte, bis er herauskonnte. Schnell schlüpfte er durch den offenen Türspalt, schüttelte seine Federn und flatterte los. Im gleichen Moment aber durchfuhr mich ein Schreck: Das Fenster!

Freddy segelte zielstrebig durch das weit geöffnete Fenster. So ganz geheuer schien ihm das Ganze zwar noch nicht zu sein, denn gleich vor meinem Fenster ließ er sich in unserem Apfelbaum nieder, als ich ihn aber rief, pfiff er nur und machte keine Anstalten, zu mir zurückzukehren. Da bekam ich es mit der Angst zu tun. Was sollte ich machen, wenn Freddy nicht freiwillig zurückkam? „Freddy, komm, her!", rief ich ihm zu. Der aber dachte nicht daran, flog höher und höher, bis er sich schließlich auf dem obersten Zweig niederließ. „Freddy!", rief ich, „Freddy, nun reicht's. Komm zurück!" Er schien alles vergessen zu haben, was ich ihm beigebracht hatte. Er erhob sich erneut, flog einen weiten Bogen, glitt um die Krone des Kirschbaums und kehrte wieder auf den untersten Ast des Apfelbaums zurück. Ich musste mir etwas einfallen lassen. Ob ich ihn fangen konnte? Oder ob er zu mir kam, wenn ich unter dem Baum stand? Ich rannte nach draußen. Freddy ließ mich herankommen, und als ich nach ihm greifen wollte, pfiff er kurz und flog davon. „Mistvieh", dachte ich. „Wenn ich dich erwische, bleibst du für immer im Käfig."

In meinem Zimmer war das immer einfach gewesen. Wenn Freddy genug herumgeflattert war, brauchte ich nur die Käfigtür zu öffnen und Freddy machte sich über den frisch gefüllten Futternapf her. Futter! Das war es! Warum war ich nicht früher darauf gekommen? Schnell rannte ich wieder rauf in mein Zimmer, nahm einen besonders schönen Hirsekolben aus der Tüte, befestigte ihn im Käfig, stellte diesen gut sichtbar auf das Fensterbrett und pfiff nach Freddy. Der kam doch tatsächlich näher. Zunächst setzte er sich auf seinen Ast im Apfelbaum, legte den Kopf schief und sah mir zu, wie ich die Tür des Käfigs öffnete. Was würde er jetzt tun? „Freddy", dachte ich, „Freddy, jetzt komm bloß!" Ich pfiff und - wirklich: Freddy erhob sich, kam zu seinem Käfig, schlüpfte durch die Tür und machte sich sofort über den Hirsekolben her. Ich konnte nun vorsichtig die Tür schließen und den Käfig an seinen Platz zurückstellen. Und seitdem darf Freddy an schönen Tagen zwei Runden im Garten fliegen, denn ich weiß ja, dass ich nur den Käfig mit seinem Lieblingsfutter auf die Fensterbank stellen muss, um Freddy zur Rückkehr zu bewegen.

3 Untersuche das Erzählgerüst im Text 2 auf Seite 71.
a) Markiere die Abschnitte und fasse sie in je einem Satz zusammen.
b) Was ist der Höhepunkt des Erzählten?
c) Wie wird dieser Höhepunkt vorbreitet? Was erfahren die Leser oder Zuhörer in den einzelnen Schritten?

Tipp

Erzählanfang

Der Erzählanfang ist besonders wichtig. Er stimmt die Leser bzw. Hörer auf die Geschichte ein. Wer anderen ein Erlebnis erzählen will, bei dem die Zuhörer/Leser von Anfang an alles verstehen, muss zunächst die **Ausgangssituation** schildern und dabei vor allem
- die mitspielenden **Figuren** vorstellen,
- etwas über die wichtigsten **Umstände** sagen,
- vielleicht sagen, **wo und wann** die Geschichte spielt.

Manche Details aber sollten ausgespart werden, um Spannung zu erzeugen.

4 Text 3 stellt den Höhepunkt einer Erzählung vor.
a) Was muss alles im Erzähleingang erläutert werden, damit die Leser den Höhepunkt gut verstehen?
b) Was muss verschwiegen werden, damit die Spannung erhalten bleibt?
c) Wie muss die Situation geschildert werden, damit dieser Höhepunkt besonders zur Geltung kommt?
d) Schreibe die Erzählung in dein Heft.

Text 3: … Ich weiß nicht, ob ihr euch vorstellen könnt, wie erleichtert ich war, als sich herausstellte, dass jenes Untier, das so rasselnd, schnaubend und prustend über unsere Terrasse rauschte, ein ausgewachsener Igel war, der gerade seine nächtliche Tour durch unseren Garten unterbrochen hatte, um nachzusehen, was für ein eigenartiges Wesen da leise pfeifend auf der Terrasse lag und zuschaute, wie die Wolken am Mond vorüberzogen.

Regel

Ich-Perspektive

Die Erlebniserzählung wird in der Regel in der Ich-Form aus der Sicht dessen erzählt, der alles erlebt hat. Diese Sichtweise heißt Ich-Perspektive. Dadurch können die Leser direkt an den Gedanken, Gefühlen und Befürchtungen des Erzählers/der Erzählerin teilnehmen.

5 Text 4 erzählt aus der Er-Perspektive. Stell dir vor, du hättest die Geschichte erlebt. Erzähle sie aus der Ich-Perspektive. (Einiges kannst du vielleicht noch etwas anschaulicher darstellen.)

Text 4: Sabine und das Nachtgespenst

Sabine war schon früh zu Bett gegangen, weil sie vor dem Einschlafen noch ein wenig lesen wollte. Ihre Tante hatte ihr nämlich ein Buch mit richtig gruseligen Gespenstergeschichten geschenkt. Sie war gerade mitten in einer spannenden Geschichte, da huschte ein seltsamer Schatten über ihr Buch, und gleich darauf machte es „ping". Sabine stockte der Atem. Gespenster? Na schön, aber doch nicht in ihrem Zimmer! Aber sie konnte sich ja auch getäuscht haben. Kaum aber wollte sie weiterlesen, da war es wieder da: Ein Schatten huschte über das Buch und wieder hörte sie „ping". Jetzt lief es ihr doch kalt über den Rücken. Es war wohl besser, sie verkroch sich unter der Bettdecke. Als sie dann die Lampe ausschalten wollte, kam sie dem Gespenst auf die Spur: Ein Nachtfalter schwirrte um die Birne ihrer Nachttischlampe und stieß bisweilen an das Metallgehäuse.

Tipp

Um anschaulich darzustellen, was in einem vorgegangen ist oder in welcher Stimmung man war, als man das Erzählte erlebte, kann man die Stimmung einfach benennen (*Ich freute mich …, ich hatte Angst …, ich dachte an …*). Man kann aber auch sagen, wie sich die eigene Stimmung äußerte oder welche Gedanken einem durch den Kopf gingen (*am liebsten wäre ich in die Luft gesprungen vor Freude …, mir schlotterten die Knie vor Angst*).

6 Die Geschichte vom Kaninchen Rico ist nicht besonders gut erzählt.

a) Markiere die Stellen, die verbessert werden könnten, und notiere Verbesserungen in dein Heft.

b) Von der eigentlichen Suche nach Rico erfährst du wenig. Hier könnten Informationen ergänzt werden. Überlege, was alles passiert sein könnte.

c) Der Schluss wirkt umständlich. Entwirf einen Dialog zwischen Herrn König und dem (Ich-)Erzähler, in dem Rico zurückgegeben wird.

d) Schreibe die ganze Geschichte neu.

Text 5: Mein Kaninchen Rico

Ich habe seit meinem letzten Geburtstag ein zahmes weißes Kaninchen. Ich nenne es Rico. Rico ist ein liebes Tier und macht kaum Arbeit. Seine Kiste ist schnell gereinigt, und das Füttern macht so viel Spaß, dass man es eigentlich nicht als

Arbeit bezeichnen kann. Nur am letzten Sonntag, da gab es doch einige Aufregung. Rico war plötzlich verschwunden. Es war schönes Wetter und ich hatte mit ihm im Garten gespielt. Da rief mich meine Mutter. Als ich zurückkam, war Rico weg. Ich suchte ihn lange ohne Erfolg. Auch meine Mutter half bei der Suche.
Ich war schon den Tränen nah, da hörte ich, wie unser Nachbar ziemlich laut schimpfte über die Karnickel, die ihm wieder seinen Salat wegfressen wollten. Das musste Rico sein.
Ich lief schnell zum Zaun und sah Rico, der im Salatbeet von Herrn König saß und an einem Blatt knabberte. Schnell lief ich zur Tür unseres Nachbarn und klingelte. Als er mir öffnete, erklärte ich, dass es sich bei dem Kaninchen im Garten um meinen Rico handle, und bat um Entschuldigung. Ich war am Ende doch froh, meinen Rico wiedergefunden zu haben.

Regel

Spannung erzeugen

Wer erzählt, will die Leser unterhalten, will sie fesseln. Das gelingt am besten, wenn sie der Erzählung gespannt folgen und wissen wollen, wie alles weitergeht und endet. Dazu muss man

- den Lesern mit jedem Schritt etwas mehr über das Ziel mitteilen,
- ihnen immer wieder Wichtiges vorenthalten,
- sie an Fragen teilnehmen lassen, die sich dem Erlebenden stellten,
- mit einzelnen Wörtern Überraschungen ankündigen.

7 Lies den Text 4 noch einmal. Wie wird im Text Spannung erzeugt?

5.2 Nach Bildern erzählen

Zeichner erzählen Geschichten. Dabei verwenden sie allerdings keine Sprache mit Wörtern, sondern Bilder oder Bildfolgen. Diese Bilder sprechen oft für sich, sie „sagen schon alles". Wer dagegen die Sprache nutzt, muss manches ausführlich darstellen und vieles sagen, damit Zuhörer die Geschichte verstehen. Ganz wichtig ist dabei die Einführung in die Geschichte.
Auf Bildern sieht man vieles auf einmal, beim Erzählen muss man dagegen schrittweise vorgehen. Dafür bietet die Sprache andere Möglichkeiten, die Leser in das Geschehen hineinzuversetzen, sie auf die Folter zu spannen und alles miterleben zu lassen.

Regel

Darstellung der Ausgangslage

Wenn du eine Geschichte erzählen willst, die deine Leser von Anfang an verstehen sollen, musst du ihnen sagen, was geschehen ist. Du musst Antwort geben auf die wichtigsten **W-Fragen**:

- **Wo** spielt die Geschichte?
- **Wer** ist an der Geschichte beteiligt?
- **Was** ist an den Beteiligten besonders wichtig?
- **Wie** ist es geschehen? Welche näheren Umstände sind für das Geschehen wichtig?

8 Das Bild zeigt, wie ein Geschehen bzw. eine Geschichte ausgehen könnte. Beschreibe genau, was du siehst und halte dies stichpunktartig fest.

a) Wie kam es zum abgebildeten Ergebnis?
b) Was wollte der Hund?
c) Jetzt kannst du den Anfang der Geschichte erzählen.

So begann es:	Das geschah:	Das kam heraus:

Regel

Handlungsgerüst

Auf Bildern und Bildfolgen können Zeichner vieles zugleich darstellen. Beim Erzählen muss alles nacheinander zur Sprache gebracht werden. Wenn du eine Geschichte erzählst, solltest du

- Schritt für Schritt erzählen,
- Dinge und Teile des Geschehens ergänzen, die man sich auf Bildern einfach „dazudenkt",
- nur solche Teile ergänzen, die nicht vom Erzählziel wegführen,
- die Geschehensteile so anordnen, dass eine Steigerung entsteht.

9 Die Bilder erzählen eine Geschichte. Einiges musst du dir dazudenken.

a) Beschreibe zunächst genau, was du auf den Bildern siehst.
b) Überlege: Wie könnte es zu der Situation gekommen sein, die auf dem letzten Bild zu sehen ist?
c) Was muss bzw. kann zwischen dem ersten und dem zweiten Bild geschehen sein? Was wurde da gedacht, geredet, verhandelt?

10 Die Geschichte zur Fahrradpanne (Text 6) hat eine Schülerin geschrieben.

a) Unterstreiche die Teile, die sie gegenüber den Bildern ergänzt hat.
b) Es gibt auch Teile und Dinge auf den Bildern, die sie nicht berücksichtigt hat. Findest du sie?
c) Beachte die Teile, in denen gesprochen wird. Was erfahren die Leser hier?

Text 6: Herr Jakob findet immer einen Weg

Einmal fuhr Herr Jakob mit seinem Fahrrad auf einem Feldweg entlang. Da begegnete er seinem Nachbarn Anton Müller, der auch mit dem Rad unterwegs war. Herr Jakob, der sich einbildete, gut freihändig fahren zu können, wollte Herrn Müller nun stolz seine Fahrkunst zeigen. Aber, welch ein Pech, auf gleicher Höhe mit Herrn Müller rutschte sein Rad auf einem Stein ab und Herr Jakob fiel genau auf Herrn Müllers Vorderrad.

Benommen saßen nun beide im Gras und besahen die Bescherung. „Mein Rad, mein schönes Rad ist kaputt!", jammerte Herr Müller. „Tja, was machen wir denn nun?", meinte Herr Jakob kleinlaut. Da wurde er wieder zuversichtlich. „Ich hab's, ich weiß einen Rat, aber dazu brauche ich Ihr Einverständnis." Herr Jakob, der ein besserer Bastler als Kunstradfahrer war, erklärte seinen Plan. Herr Müller stimmte seufzend zu. Geschwind montierte Herr Jakob nun das verbogene Vorderrad ab und schraubte die Gabel an sein heil gebliebenes Hinterrad. So entstand ein Tandem. „Wunderbar!", freute sich Herr Müller, „nun können wir in Zukunft immer zusammen spazieren fahren!"

Tipp

Innere Vorgänge

In einer Zeichnung ist oft leicht erkennbar, **was in einer Figur vorgeht**, was sie fühlt oder denkt. Der Zeichner nutzt Körperbewegungen (**Gestik**) und Gesicht (**Mimik**), um dies auszudrücken.
Beim Erzählen müssen solche Vorgänge benannt werden: *Herr Müller war wütend.* Man kann aber auch darstellen, wie sich Gefühle zeigen: *Herr Müller schüttelte drohend die Faust, so wütend war er …*

11 Schau dir nochmals Gestik und Mimik der Figuren auf Seite 76 an. Wo lässt sich die Geschichte der Schülerin (Text 6) sinnvoll ergänzen? Schreibe die Ergänzungen in dein Heft.

Regel

Direkte Rede

An wichtigen Stellen einer Geschichte kann der Erzähler/die Erzählerin den Leser direkt am Geschehen teilnehmen lassen, indem er/sie ihm vorführt, was gesprochen wird. Besonders, wenn es um Auseinandersetzungen oder Entscheidungen geht, wird wörtliche Rede (direkte Rede) eingesetzt.

12 Erzähle die Bildergeschichte aus der Ich-Perspektive. Überlege vorher:
a) Was wird der Junge sagen, wenn er bemerkt, dass ein Fisch angebissen hat? Was wird sein Vater sagen?
b) Was wird auf dem dritten Bild zu sagen sein?

Tipp

Redebegleitsätze

Wenn man in einer Erzählung wörtliche Rede verwendet, wird diese meist mit einem Redebegleitsatz eingeleitet: *Er sagte …, Sie antwortete …*
Es gibt unterschiedliche Arten von Redebegleitsätzen. Sie können:
- ganz neutral das einfache Sprechen bezeichnen: *sagte sie, meinte er …*
- die genauere Aufgabe der eingeleiteten Äußerung bezeichnen: *antwortete er, erwiderte sie, entgegnete er …*
- den Inhalt der Äußerung zusammenfassen: *stimmte sie zu, widersprach er …*
- die Art und Weise des Sprechens bezeichnen: *flüsterte sie, schrie er …*

13 a) Im Text 7 wird nur „gesagt". Unterstreiche die Stellen und notiere für jede Stelle mindestens drei neue Formulierungen. Überlege jeweils, welches die beste Formulierung ist.
b) Schreibe dann die Geschichte neu in dein Heft.

Text 7: Krähe und Kröte

Eine Krähe saß am Rand einer Grube und sagte: „Kröte, komm heraus!" Die Kröte aber sagte: „Du willst mich ja doch nur fressen!" „Aber woher denn!", sagte die Krähe. Da begann die Kröte nachzudenken. „Ich wollte ja schon lange diese eintönige Grube verlassen!", sagte sie zu sich, und zur Krähe sagte sie: „Wirst du mich wirklich nicht fressen?" – „Nein!", sagte die Krähe.
„Gut!", sagte die Kröte und kroch aus der Grube. „Pick!", sagte da die Krähe. „Hab ich mir's doch gedacht!", sagte die Kröte.

14 Gehe nun deine Erzählung von dem kleinen Angler (siehe Seite 77) nochmals durch und verbessere die Redeeinleitungen, wo dies erforderlich ist.

5.3 Nach Schreibimpulsen erzählen: Erzählkerne, Reizwörter, Erzählanfänge

Das Leben erzählt die besten Geschichten, besagt eine Redewendung. Nur begegnen uns diese Geschichten oft als trockene Zeitungsmeldungen, und die sind keineswegs besonders unterhaltsam. Aus ihnen lassen sich aber unterhaltsame Geschichten machen.

Regel

Anordnung der Handlungsschritte

Nachrichten enthalten hauptsächlich Erzählkerne. Bei Nachrichten steht das Wichtigste immer am Anfang, auch wenn etwas erst später passiert ist. Bei einer Geschichte werden die Handlungsschritte jedoch anders angeordnet: Man beginnt mit dem, womit alles anfing, und erzählt dann **der Reihe nach**, was geschah und wie es passierte. Manchmal müssen Handlungsschritte ergänzt werden, um den Gesamtablauf verständlich zu machen.

15 a) Zerlege die Nachricht „Vater am Marterpfahl" in einzelne Teile. Ordne die Teile nach der zeitlichen Reihenfolge, in der alles ablief.
b) Was müsste ergänzt werden, damit das gesamte Geschehen klar wird?
c) Erzähle die Geschichte schriftlich.

Text 8: Vater am Marterpfahl

Aus einer misslichen Lage befreien musste die Besatzung eines Streifenwagens Herrn K., Vater zweier Kinder, die im Garten mit ihren Freunden Geburtstag feierten. Er war beim Indianerspielen in seinem weitläufigen Garten in Grünwald von den Kindern an den Marterpfahl gebunden worden. Dort hatten ihn die Kinder zurückgelassen, als sie sich zum Kriegsrat an die Geburtstagstafel zurückzogen. Auf seine Hilferufe hin alarmierten Nachbarn die Polizei, die ihn dann befreite.

Regel

Handlungsschritte

Erzählkerne enthalten Stoff für spannende, unterhaltende, lustige oder traurige Geschichten. Meist muss man den Stoff erst einmal in Teile zerlegen und diese neu ordnen, um sich klarzumachen, in welcher zeitlichen Reihenfolge sich alles abspielte. Dabei werden dort **Einschnitte** gemacht, wo etwas Neues beginnt, wo eine neue Figur auftritt oder der Handlungsort wechselt. Einschnitte gibt es auch, wenn neue Ziele ins Auge gefasst werden oder wenn besondere neue Umstände auftauchen. Die so entstehenden Abschnitte heißen Handlungsschritte.

Regel

Aus einem Erzählkern eine Geschichte machen

Berücksichtige diese Schritte, wenn du einen Erzählkern zu einer Geschichte ausgestalten willst:

- Zerlege den Erzählkern in Handlungsschritte.
- Stelle fest, was das Handlungsziel bzw. das Ergebnis ist.
- Frage nach der Ausgangslage: Wer ist beteiligt? Welche Umstände sind wichtig?
- Ordne die Handlungsschritte in ihrer zeitlichen Abfolge.
- Ergänze die Handlungsschritte.
- Überlege: Welche Handlungsschritte könnten ausgebaut werden, ohne dass sie vom Handlungsziel wegführen?
- Überlege: Wo könnte man die Auflösung besonders wirkungsvoll verzögern?
- Entwirf die gesamte Geschichte.
- Überarbeite die Geschichte und überlege genauer: Wo könnte man etwas noch anschaulicher darstellen?

16 Stelle die Handlungsschritte der Zeitungsmeldung (Text 9) fest und ordne sie neu.

17 Was könnte der Höhepunkt des Geschehens sein?

Text 9: Maus bringt Panik in OP

Eine Maus hat Panik und Chaos in einen britischen Operationssaal gebracht. Während Ärzte und Krankenschwestern den Nager jagten, gab der nur örtlich betäubte Patient Hinweise auf das Versteck der Maus. Schließlich stieß sich der Chirurg seinen Kopf so stark an der Lampe über dem Operationstisch, dass er ohnmächtig zusammenbrach.

Regel

Ergänzen von Handlungsschritten

Beim Erweitern und Ergänzen von Handlungsschritten darf man nicht vom Erzählziel und von der Haupthandlung wegführen. Das lässt sich überprüfen mit der Frage: Hat das, was ergänzt werden soll, direkt etwas zu tun mit dem Ziel, auf das die Handlung hinausläuft?

18 Überprüfe die Handlungsschritte der Meldung „Maus bringt Panik in OP".

a) Wo könnte etwas sinnvoll ergänzt werden?
b) Wo könnte man etwas einfügen, um den Höhepunkt hinauszuzögern?
c) Haben die Handlungsschritte direkt etwas mit dem Handlungsziel zu tun?

Tipp

Handlungsschritte überprüfen

Aus einem Erzählkern soll eine Geschichte entstehen? Achte auf folgende Punkte:
- Welche Handlungsschritte müssen unbedingt ergänzt werden, sodass die Leser den Zusammenhang der Geschichte besser verstehen?
- Welche Handlungsschritte können ergänzt werden, um die Geschichte interessanter oder spannender zu machen?

Ehe du die neuen Handlungsschritte endgültig einfügst, solltest du noch einmal überprüfen, ob du auf einzelne Handlungsschritte besser verzichtest, wenn sie vom Erzählziel wegführen.

19 Bereite den Erzählkern von Text 10 auf. Notiere die Handlungsschritte.

Text 10: Zahnschmerzen statt Prügel

Als falscher Alarm hat sich am Montagabend ein Noteinsatz der Kieler Polizei entpuppt. Die Beamten waren von besorgten Nachbarn alarmiert worden, da ein Kind sehr laut und ausdauernd brüllte. Als die Beamten ankamen, hörte die Schreierei unverhofft auf. Die Polizisten fanden aber keinen verprügelten Knaben vor, sondern einen stolzen Sechsjährigen mit einem Milchzahn in der Hand. Sein großer Bruder erklärte, der Junge habe am Nachmittag den Zahnarzt gebissen. Dieser habe das Kind erbost nach Hause geschickt und ihm empfohlen, es sollte sich den Zahn doch selbst ziehen. Das war dann mit erheblichen Schmerzen verbunden.

20 Lies die Regel zur Ausgestaltung eines Erzählkerns auf Seite 80. Hast du alles richtig gemacht?

21 In Text 11 erzählt Dominiks großer Bruder die Geschichte. Stelle die Handlungsschritte fest und vergleiche sie mit deiner Ausarbeitung.

Text 11: Ärger mit dem Milchzahn

Mein Bruder Dominik ist an sich ein lieber Kerl und macht wenig Ärger. Jetzt aber ist er in das Alter gekommen, wo er seine Milchzähne nach und nach verliert, und das geht nicht ganz ohne Schmerzen. So kommt es, dass er manchmal zu einer kleinen Nervensäge wird, wenn ein Zahn anfängt zu wackeln und ihm weh tut. Letzten Montag war es mal wieder so weit. Ein Schneidezahn hatte sich gelockert, wollte aber nicht so recht heraus und verursachte meinem Bruder einige Schmerzen. Meine Eltern waren bei Bekannten eingeladen, und deshalb musste ich mit Dominik zum Zahnarzt. Als er sich auf den Behandlungsstuhl setzen sollte, benahm er sich wie ein störrischer Esel und weigerte sich, Platz zu nehmen. „Nein!", brüllte er und stampfte mit dem Fuß auf wie Rumpelstilzchen im Märchen. „Nein!

Ich will nicht!" Nach einigem Zureden setzte er sich dann doch und öffnete sogar den Mund. Als aber der Zahnarzt den wackeligen Zahn berührte, biss Dominik zu. Der Zahnarzt zuckte zusammen, wurde puterrot im Gesicht, holte Luft und beherrschte sich dann doch. Mit der Behandlung aber war er am Ende. „Zieh dir doch deinen Zahn einfach selber!", fuhr er Dominik an und setzte ihn vor die Tür. So trotteten wir dann nach Hause. Ich war nicht gerade in bester Laune, und auch Dominik schien gewaltige Schmerzen zu haben, denn er ging auf sein Zimmer und wimmerte zunächst leise vor sich hin. Sein Wimmern wurde immer lauter. Schließlich brüllte er wie am Spieß. Ich setzte mir die Kopfhörer meiner Stereoanlage auf die Ohren und versuchte, das Geschrei meines Bruders zu überhören. Aber das Gebrüll wurde immer lauter und ausdauernder, und die Kopfhörer nutzten wenig. Deshalb setzte ich sie wieder ab, gerade noch rechtzeitig, um zu hören, dass es an unserer Wohnungstür Sturm läutete. Ich öffnete und erschrak. Draußen standen zwei Polizisten, die, kaum hatte ich die Tür einen Spalt geöffnet, sofort in die Wohnung drängten und nach dem Urheber des Gebrülls suchen wollten. Das Gebrüll aber war verstummt, wie abgeschnitten, einfach weg. „Wo ist das Kind, das hier misshandelt wird?", herrschte mich der eine Polizist an. „Hier wird niemand misshandelt!", stotterte ich noch ganz verdattert. Da löste sich alles in Wohlgefallen auf. Dominik kam aus seinem Zimmer, strahlte wie ein Honigkuchenpferd und hielt den ausgerissenen Zahn wie eine Siegestrophäe in der Hand. Der Rest war dann schnell erklärt, und die Polizisten verabschiedeten sich bald.

Tipp

Anschaulich erzählen

Wer etwas besonders anschaulich darstellen will, verwendet in einem Text Bilder oder Vergleiche.

Beispiel *„Nervensäge"*: „Säge" stellt bildlich dar, wie Dominik auf die Nerven seiner Mitmenschen wirkt. Natürlich „sägt" er nicht wirklich an den Nerven!

Beispiel *„… wie Rumpelstilzchen"*: Der Vergleich mit Rumpelstilzchen veranschaulicht Dominiks Verhalten.

22 Suche Beispiele für anschauliche Formulierungen aus dem Text.

23 Suche Stellen, wo Bilder und Vergleiche die Erzählung noch anschaulicher machen könnten.

24 Die Liste auf Seite 85 enthält Adjektive, die durch einen Vergleich oder ein Bild noch anschaulicher werden. Vervollständige die Liste.

groß wie ein Riese → riesengroß

grün wie ______ → ______

rot wie ______ → ______

stark wie ______ → ______

bleich wie ______ → ______

gemein wie ______ → ______

schwarz wie ______ → ______

dumm wie ______ → ______

schnell wie ______ → ______

weich wie ______ → ______

leicht wie ______ → ______

schwer wie ______ → ______

25 Verdeutliche die Eigenschaften durch einen Vergleich.

klug wie ______

fleißig wie ______

klar wie ______

listig wie ______

faul wie ______

stark wie ______

kalt wie ______

heiß wie ______

hoch wie ______

hart wie ______

stur wie ______________________________

wütend wie ______________________________

schnell wie ______________________________

schlau wie ______________________________

Info plus

Sprichwörtlich gelten Esel als stur. Dabei sind sie gar nicht störrisch, sondern einfach nur vorsichtig. Esel stammen ursprünglich aus den gebirgigen Wüstenregionen in Nordafrika. Anders als Pferde, ihre Verwandten aus der Steppe, sind Esel keine Fluchttiere. Im Gebirge könnte eine unüberlegte Flucht oft tödlich enden. Bevor Esel etwas überstürzen, bleiben sie daher erst einmal stehen und versuchen, ihre Entscheidung in Ruhe zu treffen.
Auch die „**Eselsbrücke**" ist auf diesen Reflex zurückzuführen. Esel gehen nicht gern durchs Wasser, da sie wegen der spiegelnden Wasseroberfläche nicht gut erkennen können, wie tief ein Gewässer ist oder welcher Untergrund sie erwartet. Daher bauten die Bauern und Hirten den beliebten Lasttieren früher kleine Brücken. Genau wie eine sprichwörtliche Eselsbrücke waren diese Brücken ein kleiner Umweg, der aber schneller zum Ziel führte.

48 Woran erkennt man, dass ein neuer Handlungsschritt beginnt?

49 Wie stellt ein Zeichner oder eine Zeichnerin Gefühle dar?

50 Wie gelingt die Darstellung von Gefühlen in einer Erzählung?

51 In welcher Reihenfolge stehen in einer Erzählung die Handlungsschritte?

52 Worauf musst du achten, wenn du in einer Bildergeschichte einen Handlungsschritt ergänzt?

53 Was versteht man unter der „Ich-Perspektive"? Was wird mit ihr erreicht?

54 Was sollte im Erzähleingang dargestellt werden?

55 Welche Wirkung erzielt die wörtliche Rede bei Lesern?

56 Wann lässt sich wörtliche Rede besonders gut einsetzen?

57 Was können Redeeinleitungen leisten?

58 Wie wird eine Erzählung anschaulicher?

__/6 **1** Zeige anhand von drei Beispielen, wie innere Vorgänge dargestellt werden können.

a) Bello, der Hund, freute sich: ____________________

b) Laura war traurig: ____________________

c) Lukas war enttäuscht: ____________________

__/12 **2** Zerlege den Text in Handlungsschritte und ordne diese neu an.

Text 1: In letzter Sekunde

Gerade noch rechtzeitig nach Hause kam Frau Gerda S., um zu verhindern, dass die Polizei ihre Wohnungstür einschlug. Die Polizei war von einer Passantin alarmiert worden, dem ein Papierflieger vor die Füße geflattert war, auf dem stand: „Hilfe! Ich werde hier gegen meinen Willen festgehalten! Tobias S." Wie sich herausstellte, stammte der Flieger von Tobias S., dem zehnjährigen Sohn von Frau S., der seine längst fälligen Hausaufgaben machen musste und nicht mit seinen Freunden ins Schwimmbad durfte.

__/36 **3** Erzähle die Geschichte „In letzter Sekunde" zweimal. Wähle zwei unterschiedliche Perspektiven aus.

a) Erzähle aus der Perspektive des Polizisten,
b) aus der Perspektive der Mutter.

__/6 **4** Veranschauliche die genannten Eigenschaften durch ein Bild.

ängstlich wie ____________________

mutig wie ____________________

fleißig wie ____________________

__/8 **5** Ersetze im Text 2 das „sagte ..." durch eine bessere Redeeinleitung und schreibe sie an den Rand.

Text 2: Zeus und das Schaf *Lessing*

Das Schaf musste von allen Tieren vieles leiden. Da trat es vor den Zeus und bat, sein Elend zu mindern. Zeus schien willig und sagte zu dem Schafe: „Ich sehe wohl, mein frommes Geschöpf, ich habe dich allzu wehrlos erschaffen. Nun wähle, wie ich diesem Fehler am besten abhelfen soll. Soll ich deinen Mund mit schrecklichen Zähnen und deine Füße mit Krallen rüsten?"

„O nein!", sagte das Schaf, „ich will nichts mit den reißenden Tieren gemein haben." „Oder", sagte Zeus, „soll ich Gift in deinen Speichel legen?" „Ach!", sagte das Schaf, „die giftigen Schlangen werden ja so sehr gehasset."

Da sagte Zeus: „Nun was soll ich denn? Ich will Hörner auf deine Stirne pflanzen, und Stärke deinem Nacken geben." „Auch nicht, gütiger Vater, ich könnte leicht so stößig werden als der Bock.", sagte das Schaf. „Und gleichwohl", sagte Zeus, „musst du selbst schaden können, wenn sich andere, dir zu schaden, hüten sollen." „Müsst ich das!", sagte das Schaf. „O so lass mich, gütiger Vater, wie ich bin. Denn das Vermögen, schaden zu können, erweckt, fürchte ich, die Lust, schaden zu wollen; und es ist besser Unrecht leiden als Unrecht tun." Zeus segnete das fromme Schaf, und es vergaß von Stund an zu klagen.

6 Erzähle die Geschichte von Maxi und dem Flitzebogen. ___/24

a) Notiere, was du auf den beiden Bildern siehst. (8 P.)
b) Welche Fragen musst du nun stellen und beantworten? (4 P.)
c) Entwirf Handlungsschritte. Ergänze wenn notwendig Handlungsteile. (6 P.)
d) Überlege: Wo werden innere Vorgänge wichtig? (2 P.)
e) Wo werden Dialoge wichtig? (4 P.)

Gesamtpunktzahl ___/92

6. Berichten und beschreiben

Erzählende Texte bemühen sich darum, ein Geschehen anschaulich und spannend zu vermitteln. Bei Berichten und Beschreibungen ist das anders: Diese Texte müssen sachlich und genau sein. Schließlich sollen die Leser schnell und exakt nachvollziehen können, was beschrieben oder berichtet wird. Eine Bauanleitung für ein Bücherregal ist daher nie so spannend geschrieben, dass den Lesern davon die Haare zu Berge stehen.

6.1 Über Sachverhalte berichten

Regel

Formen des Berichts

Berichte stellen unterschiedliche Sachverhalte dar. Typische und bekannte Berichtsformen sind:

- **Unfallberichte**: Der Hergang eines Unfalls wird beschrieben.
- **Erlebnisberichte**: Es wird von besonderen persönlichen Erlebnissen berichtet.
- **Ereignisberichte**: Besondere Ereignisse von allgemeinem Interesse werden berichtet.
- **Berichte zu einem Vorhaben**: Berichtet wird vom möglichen Verlauf eines zukünftigen Ereignisses.

1 Notiere, zu welcher Art von Bericht die Überschriften passen.

a) Die geplante Modenschau am Schulfest ______

b) Wie ich im Urlaub reiten lernte ______

c) Filmstar besuchte seine ehemalige Schule ______

d) Fahrradfahrer landet im Blumenbeet ______

2 Zu welcher Berichtsart fallen dir Ereignisse aus deiner eigenen Erfahrung ein? Notiere passende Überschriften.

______

______

Regel

Der Aufbau eines Berichts

Berichte haben entsprechend ihrer Absicht, die Leser sachlich und genau zu informieren, einen typischen Aufbau aus mehreren Teilen:

- **Überschrift**: Die Überschrift gibt gründliche Hinweise auf den Inhalt des Berichtes.
- **Einleitung**: Die wichtigsten Informationen werden zusammenfassend genannt. Oft werden die W-Fragen beantwortet.
- **Hauptteil**: In der richtigen zeitlichen Reihenfolge werden die einzelnen Ereignisschritte ausführlich dargestellt.
- **Schluss**: Entweder wird das Berichtete nochmals zusammengefasst oder die Ergebnisse und Konsequenzen werden dargestellt.

3 Notiere, um welchen Teil des Berichtes es sich jeweils handelt. Schreibe den Bericht in der richtigen Reihenfolge in dein Heft.

a) Die betroffenen Lehrerinnen und Lehrer wurden angewiesen, neue Abituraufgaben zu formulieren und bei der Schulleitung vorzulegen. Von den Tätern fehlt bisher jede Spur.

____

b) Einbruch in Schulsekretariat ______________________________

c) Nach der Abendveranstaltung in der Turnhalle, also gegen 2.00 Uhr, verschafften sich mehrere Täter gewaltsamen Zutritt zum unteren Flur der Schule. Auch die Tür zum Sekretariat müssen sie gewaltsam geöffnet haben. Sie durchsuchten fast alle Schränke und Schubladen des Verwaltungsbüros. Die verschlossene Tür eines Metallschranks öffneten sie mit einer speziellen Zange und gelangten so an die Prüfungsaufgaben. Weiterhin entwendeten sie einige Elektrogeräte.

____

d) Unbekannte Täter brachen in der Nacht zum Sonntag die Türen des hiesigen Gymnasiums auf, verschafften sich Zutritt zum Sekretariat und entwendeten die Prüfungsaufgaben für das Abitur.

____

Regel

Die Sprache eines Berichts

Anders als bei Erzählungen verzichtet die Sprache des Berichts auf Ausschmückungen und Anschaulichkeit. Hier die typischen Kennzeichen der Berichtssprache:

- Die Sprache ist **sachlich** und bemüht sich, glaubwürdig zu sein.
- Die Sätze sind kurz, einfach gebaut und **präzise**.
- Es gibt **keine ausschmückenden Formulierungen**. Auf Spannungsaufbau und die Schilderung von Gefühlen wird verzichtet.
- Die **Orts- und Zeitangaben** sind möglichst **genau**.
- **Fachbegriffe** werden verwendet.

4 a) **Beurteile, ob die folgenden Sätze aus einem Bericht stammen können. Kennzeichne die passenden Sätze durch einen Haken.**
b) **Notiere gegebenenfalls, gegen welches Merkmal verstoßen wird.**

a) Es war einmal ein betrunkener Radfahrer, der fuhr irgendwo zwischen Wolkenkuckucksheim und Buxtehude mit seinem Lieblingsfahrrad.

____

b) Kurz hinter einer Linkskurve verlor er die Kontrolle über sein Fahrzeug.

____

c) Ich bin mir sicher, dass er es nicht absichtlich gemacht hat! Wirklich!

____

d) Und plötzlich ... er beginnt zu schwanken ... bremst noch ... ein Bordstein ... und ... er fliegt in hohem Bogen in ein Blumenbeet.

____

e) Die Polizei sucht nach Augenzeugen und bittet diese, sich bei den zuständigen Revieren zu melden.

____

Tipp

Die zeitliche Gliederung verdeutlichen

Um die zeitliche Gliederung und die Reihenfolge der Abläufe zu verdeutlichen, kann man auf bestimmte Wörter und Formulierungen zurückgreifen.
Etwas passiert **im Vorfeld**: *vorher, bis dahin, bereits, längst, im Vorfeld.*
Etwas passiert **gleichzeitig**: *im selben Moment, gerade da, zur selben Zeit, eben da.*
Etwas passiert **später**: *im Anschluss daran, daraufhin, schließlich, später, weiterhin.*

5 Ergänze den lückenhaften Bericht mit passenden Wörtern zur zeitlichen Gliederung.

Abi-Diebe erfolgreich gefasst

__________ einer zunächst ziellosen Suche war die örtliche Polizei nun erfolgreich. Am Dienstagabend konnten die Diebe der Abituraufgaben überführt werden. __________ der gestrigen Festnahme war es zu kleinen schrittweisen Erfolgen gekommen. ____________ die Polizei allerdings nicht den entscheidenden Hinweis bekam, konnte sie keinen Täter fassen. Entlarvt wurde die Bande __________ dem Unfall eines der Täter mit einem Fahrrad. __________ dem Einbruch hatte sich der Betrunkene mit seinem Fahrrad überschlagen. Die mitgeführten Abiturdokumente fielen ____________ aus seiner Fahrradtasche. Augenzeugen berichteten ____________ von dem Vorfall, sodass die Polizei ____________________ nur noch zugreifen musste. Es habe sich bei dem Einbruch um einen übermütigen Scherz gehandelt, beteuerte der Gefasste ________________________.

6.2 Gegenstände beschreiben

Regel

Aufbau einer Beschreibung

- **Einleitung**: Die Einleitung ist sehr kurz und benennt knapp den Gegenstand, der beschrieben werden soll. Falls es sich um einen ungewöhnlichen Gegenstand handelt, kann dieser hier noch genauer erklärt werden (woher der Gegenstand kommt oder in welchem Lebensbereich er Verwendung findet).
- **Hauptteil**: Schrittweise werden hier die Einzelheiten des Gegenstandes beschrieben. Dabei ist es wichtig, eine sinnvolle Reihenfolge einzuhalten, die zum Beispiel vom Großen zum Kleinen oder vom Auffälligen zum Detail vorgehen kann.
- **Schluss**: Der Schluss enthält keine neuen Informationen mehr. Er kann aus einem Satz oder zwei Sätzen bestehen und soll die Beschreibung abrunden.

6 a) Schau dir die abgebildete Schultasche genau an. Ergänze die Mindmap mit neuen Oberbegriffen und weiteren Einzelheiten.

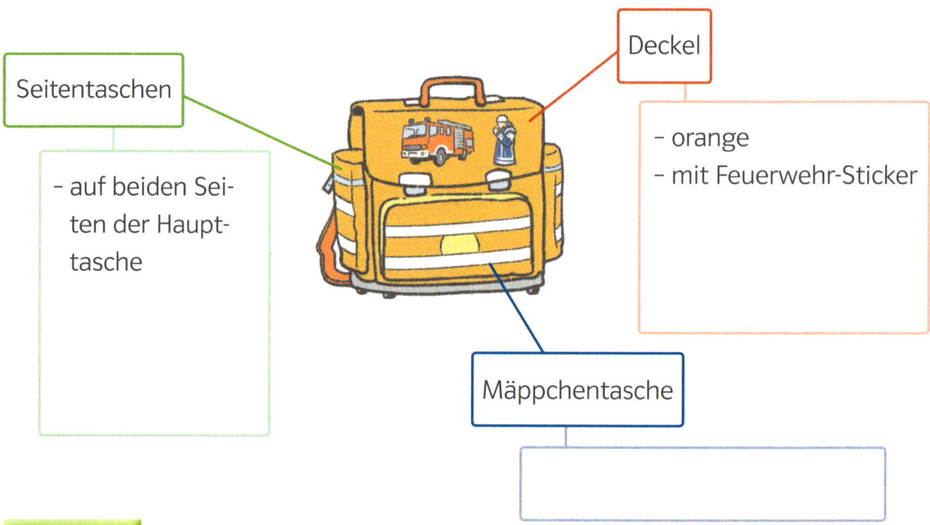

Tipp

Oberbegriffe finden und Eigenschaften sammeln

Du kannst folgendermaßen vorgehen: Finde **Oberbegriffe**, die den Gegenstand überschaubar einteilen (mögliche Oberbegriffe: Farben, Formen oder die Einzelteile des Gegenstandes). Notiere möglichst gründlich alle zu beschreibenden **Einzelheiten** bei den Oberbegriffen. Du kannst bei dieser Vorgehensweise eine **Tabelle** oder eine **Mindmap** benutzen.

b) Bringe das Gesammelte durch eine Nummerierung in eine sinnvolle Reihenfolge (vom Großen zum Kleinen, vom Auffälligen zum Detail).

c) Formuliere einen Einleitungssatz zur Beschreibung der Schultasche. Erkläre dabei kurz, worum es sich handelt, d.h. wann, zu welchem Zweck und durch wen der Gegenstand benutzt wird.

Regel

Sprache der Beschreibung

Die sprachlichen Kennzeichen der Beschreibung ähneln denen des Berichts:

- Die Sprache ist **kurz und sachlich**.
- Es gibt keine Bewertung, **keine eigene Meinung**.
- **Fachbegriffe** werden verwendet.
- Beschreibende **Adjektive** werden verwendet.
- Tempus (Zeitform) ist das **Präsens** (Gegenwart).

7 Notiere, gegen welche Sprachregel verstoßen wird, und verbessere.

a) Mir gefällt die Schultasche ja ausgesprochen gut. ______

______

b) Und dann auf der Oberseite, also an der Klappe, ist so ein Griffding befestigt.

______

______

c) Die Schultasche besteht aus Stoff. ______

______

d) Die Schultasche ist bunt, aber mir gefallen diese Farben nicht.

______

______

8 Verfasse selbst eine Beschreibung zu der abgebildeten Schultasche. Arbeite im Heft.

59 - 61 Nenne drei Formen des Berichts und erkläre kurz, wovon berichtet wird.

59 ______________ berichtet von ______________

60 ______________ berichtet von ______________

61 ______________ berichtet von ______________

62 Aus welchen Bestandteilen ist jeder Bericht aufgebaut?

____

____

63 Welche Zeitebenen musst du bei der zeitlichen Gliederung beachten?

____

64 - 68 Kreuze an, ob der Hinweis zum Bericht oder zur Beschreibung passt.

		Bericht	Beschreibung
64	Die Einleitung benennt kurz den Gegenstand.	☐	☐
65	Der Hauptteil orientiert sich an der Reihenfolge „Vom Großen zum Kleinen".	☐	☐
66	Die Überschrift gibt schon Hinweise auf den Inhalt.	☐	☐
67	Der Hauptteil orientiert sich an der zeitlichen Abfolge der Ereignisse.	☐	☐
68	Der Schluss enthält keine neuen Informationen.	☐	☐

69 Worum müssen sich Berichte oder Beschreibungen in ihren Aussagen bemühen?

____

70 Was gehört weder in einen Bericht noch in eine Beschreibung?

____

71 Welche Zeitform wählst du bei einer Beschreibung?

____

1 Markiere Stellen, die im Unfallbericht den Regeln für einen Bericht widersprechen. Notiere jeweils am Rand, was hier falsch gemacht wurde. ___/14

Unfall am Zebrastreifen

Hennes war zufällig Zeuge, als sein Freund Max mit dem Motorrad eine alte Frau auf dem Zebrastreifen zu Fall brachte. Max hatte ignoriert, dass sie gerade die Straße überquerte und fuhr viel zu schnell knapp vor ihr über den Zebrastreifen. Der herbeigerufenen Polizistin liefert Hennes folgenden „Bericht" ab:

Also die ganze Sache passierte so rund vor einer Stunde, vielleicht auch vor einer halben. Ich weiß es nicht so genau. Die alte Frau wollte gerade über den Zebrastreifen gehen, da hört man auch schon, wie der Max mit seiner Kiste angefahren kommt. Ich sag schon seit Jahren, dass das Motorrad nichts taugt. Der Motor ist einfach nicht richtig abgestimmt. Und allein schon die Farbe von dem Ding … Na ja, schnell kann der damit sowieso nicht fahren. Der kam auch ganz langsam angekrochen. Ich sag mal, wenn man nicht genau hingeschaut hätte, hätte man gedacht, der bewegt sich gar nicht. Die Frau war auch noch gar nicht in Reichweite des Zebrastreifens. Max ist dann ganz normal weitergefahren - da war ja niemand. Der hat auch noch genau hingeschaut und sich auf die Straße konzentriert. Und dann rannte die los und ließ sich fallen. Bevor das passiert ist, hat der Max mir auch noch zugewinkt. Ich kann mir vorstellen, dass die Frau auch noch über die Motorradfahrer geschimpft hat, die sah schon so aus …

Die Polizistin ist nicht begeistert von Hennes Bericht. Sie versucht aber, die wichtigsten Informationen herauszufiltern. Von einem anderen Zeugen weiß sie, dass der Unfall gegen 12.30 Uhr passierte. Die Straße heißt „Schulstraße", Max heißt mit Familienamen Schmitt, die alte Frau heißt Katharina Gruber. Natürlich hat Max die Frau nicht gesehen, er hat nämlich gerade zu Hennes geschaut.

2 Schreibe einen korrekten Bericht aus der Sicht der Polizistin. ___/24

3 Beschreibe das Motorrad in deinem Heft. Berücksichtige dabei die Kriterien der Beschreibung und sammele vorher Oberbegriffe. ___/18

Gesamtpunktzahl ___/56

7. Texte bearbeiten

Die Arbeit mit Texten ist eines der häufigsten Themen des Deutschunterrichts. Immer wieder geht es darum, verschiedene Textarten, zum Beispiel Berichte und Beschreibungen, richtig zu verstehen und deren Einzelheiten zu erfassen. Die Aufgaben in diesem Kapitel vermitteln verschiedene Strategien, Sicherheit bei der Arbeit mit einem Text zu gewinnen. Die meisten Aufgaben sind dabei auf alle Textarten anwendbar, die im Deutschunterricht behandelt werden.

7.1 Texte gliedern

Regel

Dreiteiliger Aufbau

Die meisten Texte sind nach einem typischen dreiteiligen Aufbau gegliedert. Man findet eine Einleitung, einen Hauptteil und einen Schluss.

- Die **Einleitung** gibt oft eine interessante Einführung in das Thema des gesamten Textes oder will das Interesse der Leser wecken.
- Der **Hauptteil** vermittelt in einer sinnvollen und verständlichen Gliederung die Informationen des Textes. Der Hauptteil kann sich an der zeitlichen Abfolge des Beschriebenen oder an der Wichtigkeit der Ereignisse orientieren.
- Der **Schluss** rundet den Text ab, indem er noch einmal das Wichtigste zusammenfasst oder einen Ausblick in die Zukunft gibt.

1 Markiere im Text 1 die Einleitung, den Hauptteil und den Schluss.

Text 1: Astrid Lindgren

Astrid Lindgren gehört zu den bekanntesten und beliebtesten Kinderbuchautorinnen der Welt. Die schwedische Schriftstellerin schuf Werke, an welchen sich Kinder seit vielen Jahren erfreuen. Doch wer war diese Frau, die vielen Kindern heute so vertraut ist? Geboren wurde die Schriftstellerin am 14. November 1907 in Småland in Schweden, wo sie zusammen mit ihren drei Geschwistern eine glückliche Kindheit verbrachte. Ihre frühe Selbstständigkeit und die ungewöhnliche schriftstellerische Begabung machten ihr das Leben als junge Frau allerdings nicht immer einfach. Erst in den 30-er Jahren des 20. Jahrhunderts stellten sich kleine schriftstellerische Erfolge für Astrid Lindgren ein. Das Buch über „Pippi Langstrumpf" schrieb Astrid Lindgren für ihre Tochter Karin. Zunächst wollte kein Verlag die Geschichte über das ungewöhnliche und aufmüpfige Mädchen drucken.

Schließlich wurde es aber doch zu dem wohl bekanntesten Werk der Schwedin. Astrid Lindgren, die im Jahr 2002 starb, erhielt zahlreiche Jugendbuchpreise und wird sicherlich noch lange zu den beliebtesten Schriftstellerinnen für Kinder gehören.

2 Kreuze an, welche Aussagen auf den Text über Astrid Lindgren zutreffen.

- ☐ Die Einleitung des Textes stellt Fragen, sodass das Interesse der Leser am weiteren Text geweckt wird.
- ☐ Die Einleitung des Textes gibt bereits eine inhaltliche Zusammenfassung des Hauptteils.
- ☐ Die Einleitung des Textes nennt das Thema des Textes.
- ☐ Der Hauptteil des Textes orientiert sich an der Wichtigkeit der beschriebenen Ereignisse.
- ☐ Der Hauptteil des Textes orientiert sich an der zeitlichen Reihenfolge der Ereignisse.
- ☐ Der Schluss des Textes gibt einen Ausblick in die Zukunft.
- ☐ Der Schluss des Textes kündigt eine Fortsetzung an.

3 Ordne die Sätze zu. Notiere ein E, wenn sie zur Einleitung gehören, ein H, wenn sie zum Hauptteil gehören, und ein S, wenn sie zum Schluss gehören.

	Abschnitt
a) Sicherlich wären viele Kinder manchmal gerne ein bisschen so wie die freche Pippi Langstrumpf. Ein bisschen Aufmüpfigkeit sollten sich alle bewahren.	
b) Doch worum geht es in diesem weltbekannten Werk?	
c) Die Geschwister Tommi und Annika begleiten Pippi auf ihrer Reise.	
d) Der Roman Pippi Langstrumpf erzählt die abwechslungsreiche Geschichte eines frechen, aufmüpfigen Mädchens, das zusammen mit einem Pferd und einem kleinen Äffchen in der „Villa Kunterbunt" lebt.	

Regel

Gliederung des Hauptteils

Der Hauptteil eines Textes lässt sich oft in weitere zusammengehörende **Sinnabschnitte** einteilen. Es gibt Kennzeichen dafür, dass ein neuer Sinnabschnitt beginnt:

- Eine auffällige Veränderung des Gegenstandes oder Ereignisses im Vergleich zur vorausgehenden Situation wird beschrieben.
- Es wird von einem Gegenstand oder Ereignis berichtet, von dem vorher keine Rede war.
- Es wird von Personen berichtet, die vorher nicht erwähnt wurden.
- Der Abschnitt blickt auf einen anderen Ort als der vorausgehende Text.
- Das Geschehen wird von einem neuen Blickwinkel aus betrachtet.

4 Notiere die Nummer der betreffenden Abschnitte hinter den auf Seite 99 aufgeführten Kennzeichen. Es können auch mehrere Kennzeichen auf einen Abschnitt zutreffen!

Text 2: Kalle Blomquist

(1) Kalle Blomquist langweilt sich. Er ist ein Meisterdetektiv. Doch niemand in Kleinköping begeht irgendein Verbrechen. So macht er, was er immer macht. Er geht zum Nachbarhaus und ruft nach Eva-Lotta. Er und Anders wollen nämlich Eva-Lotta heiraten, nur wer von beiden, das muss noch geklärt werden.

(2) Wenige Tage später passiert doch etwas, das sich in den Augen von Kalle lohnt. Ein Fremder steht vor den drei Freunden und gibt sich als Onkel Einar zu erkennen, Eva-Lottas Onkel. Und der benimmt sich höchst seltsam. Er hat einen Dietrich in der Tasche, ärgert Eva-Lottas Katze, indem er ihr eine Dose an den Schwanz bindet und ist manchmal alles andere als freundlich. Sehr verdächtig.

(3) Nachdem Kalle beschlossen hat, einen Fingerabdruck von Onkel Einar zu nehmen, schleicht er sich um zwei Uhr nachts über die Feuerleiter zur Dachwohnung, in der Onkel Einar untergekommen ist. Er will seinen Plan auszuführen.

(4) Tatsächlich gelingt ihm dies, aber leider stolpert Kalle anschließend über einen Blumentopf und plötzlich steht Onkel Einar mitten im Zimmer, hat einen Revolver in der Hand und sagt mit eiskalter Stimme: „Wer da?"

(5) Auch für den Leser stellt sich nun die spannende Frage, ob Onkel Einar wirklich ein Verbrecher ist und ob Kalle ihn überführen kann.

a) Zu einer auffälligen Veränderung des Gegenstandes oder Ereignisse es kommt es in den Abschnitten ______________.

b) Von einem neuen Gegenstand oder Ereignis wird in den Abschnitten _______ berichtet.

c) Von Personen, die vorher nicht erwähnt waren, wird berichtet in den Abschnitten _______.

d) Auf einen neuen Ort blicken die Abschnitte ______________.

e) Aus einem neuen Blickwinkel werden die Ereignisse in den Abschnitten _________ betrachtet.

5 a) Gliedere den Text sinnvoll. Markiere zunächst mit verschiedenen Farben, welche Sätze zur Einleitung, zum Hauptteil und zum Schluss gehören.
b) Markiere dann weitere Sinnabschnitte innerhalb des Hauptteils.

Text 3: Wir Kinder aus Bullerbü

„Wir Kinder aus Bullerbü" ist eine Kinderbuchreihe der schwedischen Autorin Astrid Lindgren. In drei Büchern wird aus der Perspektive der kleinen Lisa das Leben in Bullerbü beschrieben. Das Dorf besteht in den Erzählungen aus nur drei Höfen, in welchen insgesamt sieben Kinder mit ihren Eltern und deren Knechten wohnen. Lisa wohnt mit ihren älteren Brüdern Lasse und Bosse auf dem Mittelhof, die Schwestern Britta und Inga leben auf dem Nordhof, Ole und Kerstin auf dem Südhof.
Die Autorin Astrid Lindgren beschreibt jedoch nicht nur ein kleines Dorf mit seinem ganz speziellen Charme, sondern sie schafft eine perfekte Kinderwelt. Kennzeichen dieser Welt sind ihre Unkompliziertheit und Gemütlichkeit, in der die Kinder geschützt leben und ihren eigenen Ideen nachgehen können. Als Vorlage für das literarische Dorf Bullerbü nutzte Astrid Lindgren ihren eigenen Geburts- und Heimatort Sevedstorp. Hier stehen noch heute die drei Häuser, die das Urbild für die drei Höfe abgegeben haben. Die Bullerbü-Bücher von Astrid Lindgren erfreuen sich bis heute großer Beliebtheit und finden Leserinnen und Leser in vielen Ländern.

nach: Wikipedia http://de.wikipedia.org/wiki/Wir_Kinder_aus_Bullerb%C3%BC

Regel

Textabschnitte zusammenfassen

Für das Verständnis eines gesamten Textes und seiner Einzelteile kann es sinnvoll sein, die einzelnen **Sinnabschnitte** kurz zusammenzufassen.

- Die Zusammenfassungen sollten den Inhalt des jeweiligen Abschnittes beschreiben.
- Bei der Formulierung der Zusammenfassungen kann es hilfreich sein, die W-Fragen zu beantworten.
- Wichtige W-Fragen lauten: Wer tut was zu welchem Zeitpunkt mit welchen Mitteln, welcher Absicht und mit welchem Ergebnis?

6 Es geht hier nochmals um den Text 2 über Kalle Blomquist. Notiere hinter den Zusammenfassungen die Nummer des dazugehörenden Abschnitts. Achtung: Manche Zusammenfassungen passen zu keinem Abschnitt! Streiche sie durch.

	Abschnitt
Der auffällige Onkel Einar tritt auf und wirkt auf Kalle und seine Freunde verdächtig.	
Dem Meisterdetektiv gelingt es, Onkel Einar während des Schlafs ein Haar auszureißen, welches Kalle aus Beweisgründen benötigt.	
Kalle Blomquist, Eva Lotta und Anders sind Freunde, die in Kleinköping leben und dort auf Abwechslung warten.	
Nachdem Kalle seinen Plan tatsächlich ausführen konnte, weckt er den Onkel durch ein Missgeschick auf.	
Aufgrund seines Aussehenes wirkt Onkel Einar auf die Freunde sehr verdächtig.	

Info plus

Den Detektiv **Kalle Blomquist** lässt Astrid Lindgren in drei Romanen auftreten, in „Meisterdetektiv Blomquist", „Kalle Blomquist lebt gefährlich" und „Kalle Blomquist, Eva-Lotta und Rasmus". Sie alle spielen in einer schwedischen Kleinstadt und schildern die kriminalistischen Abenteuer des 13-jährigen Kalle und seiner Freunde. Vielleicht hast du ja Lust bekommen, mehr über Kalles Abenteuer zu erfahren …

7 Die Textabschnitte a) bis d) gehören zu einem Text. Kreuze an, welche Zusammenfassung am besten zum ersten Teil des Textes passt.

Text 4: Jugend forscht

a) Drei Preisträger von „Jugend forscht" zeigen ihre prämierten Projekte ab kommenden Montag auf der Hannover Messe 2008, der größten Industriemesse der Welt. Vom 21. bis 25. April sind ihre neuartigen Entwicklungen am Stand des Bundesministeriums für Bildung und Forschung (BMBF) in Halle 2 zu bestaunen. Die ausgestellten „Jugend forscht"-Arbeiten waren beim 42. Finale von Deutschlands bekanntestem Nachwuchswettbewerb im vergangenen Mai ausgezeichnet worden.

Die Einleitung informiert darüber, dass …

- ☐ … das Bundesministerium für Bildung und Forschung einen Stand auf der Hannover Messe 2008 plant.
- ☐ … auf der Hannover Messe 2008 drei ausgezeichnete Arbeiten der Initiative „Jugend forscht" vorgestellt werden.
- ☐ … die Hannover Messe 2008 die größte Industriemesse der Welt ist.

8 Fasse den folgenden Abschnitt mithilfe der vorgegebenen Formulierungsbeispiele zusammen.

b) Kristin V. (21) von der Universität München präsentiert einen selbstlernenden, zweibeinigen Roboter. Die Herausforderung bei ihrem Projekt bestand vor allem darin, den menschenähnlichen Roboter mit der Fähigkeit auszustatten, die Bewegungsabläufe beim Gehen eigenständig zu verbessern. Dafür nutzte die Jungforscherin ein künstliches Lernverfahren und übertrug so die menschliche Fähigkeit des Lernens auf den Roboter. Dieser benutzt nun Arme und Beine und hält sein Gleichgewicht - beinahe wie ein Mensch. Kristin V. überzeugte die Jury beim Bundeswettbewerb im Mai 2007 und errang dort den 2. Preis im Fachgebiet Technik.

Der zweite Abschnitt informiert darüber, dass unter anderem ____________________

____________________ vorgestellt wird, der ____.

Konstruiert wurde er von ____________________. Er besitzt die menschliche Fähigkeit

des ____________________ und kann das ____________________ halten.

9 Fasse diese Textabschnitte nun selbstständig zusammen.

c) In Hannover vertreten sind auch Niclas M. und Philipp J. vom PhysikClub Kassel. Auf der Messe stellen die 18-Jährigen einen selbst entwickelten Metallantrieb für ein Unterwasserboot vor. Für ihre Konstruktion verwendeten die Nachwuchsforscher Nitinol, eine Metalllegierung aus Nickel und Titan, die sich leicht verformen lässt. Beim Erhitzen kehrt sie in ihre ursprüngliche Form zurück. Dies funktioniert viele Millionen Mal, ohne dass das Material ermüdet. Das sogenannte Gedächtnismetall bildet auf diese Weise eine Art Muskel. Diese besondere Stoffeigenschaft nutzte das Forscherteam für seinen Antrieb, der den Muskelpaaren in Schwanzflossen von Fischen nachempfunden ist. Beim „Jugend forscht"-Finale im vergangenen Jahr gewannen die Schüler den 5. Preis im Fachgebiet Technik.

d) In diesem Jahr findet das „Jugend forscht"-Finale in Bremerhaven statt. Für den 43. Bundeswettbewerb vom 22. bis 25. Mai haben sich insgesamt 190 Jugendliche mit 111 herausragenden Arbeiten qualifizieren können. „Sie alle zeigen eindrucksvoll, dass wir in Deutschland über ein großes Potenzial an begabten, zielstrebigen und leistungsstarken jungen Wissenschaftlern und Erfindern verfügen", sagt Dr. Uta Krautkrämer-Wagner, Geschäftsführerin der Stiftung Jugend forscht e. V.

7.2 Kerninformationen feststellen

Regel

Schlüsselwörter und -formulierungen

Um nach dem Lesen eines Textes auch noch zu wissen, was man gelesen hat, ist es sinnvoll, **Markierungen im Text** vorzunehmen.

- Hilfreich ist es, diejenigen Begriffe und Formulierungen zu markieren oder zu unterstreichen, die die **wichtigsten Informationen** der einzelnen Abschnitte enthalten.
- Weil diese Formulierungen dabei helfen können, den Textinhalt zu „entschlüsseln", spricht man von **Schlüsselwörtern**.
- Nach dem Lesen des Textes genügt oft ein Blick auf die Schlüsselwörter, um sich an die **wesentlichen Aussagen** des Textes zu erinnern. Man muss also nicht noch einmal den gesamten Text lesen.

10 Unterstreiche diejenigen Markierungen, die deiner Meinung nach keine sinnvoll ausgewählten Schlüsselwörter sind.

Die deutsche Jugendfeuerwehr wurde am 31. Oktober 1964 in Berlin gegründet. Bereits Jahrzehnte vor der offiziellen Gründung gab es in Deutschland vereinzelt Jugendfeuerwehren und Jugendfeuerwehrverbände.
Die Zahl der Jugendfeuerwehren in Deutschland ist von 13.925 im Jahr 1966 auf heute fast 18.000 kontinuierlich angestiegen.
Auf Grundlage des Bildungsprogramms der Deutschen Jugendfeuerwehr stellen sich die Jugendfeuerwehrwartinnen und Jugendfeuerwehrwarte der Aufgabe, mit Heranwachsenden allgemeine Jugendarbeit zu praktizieren und sie feuerwehrtechnisch auszubilden.

Tipp

Woran erkennt man ein „Schlüsselwort"?

Schlüsselwörter sind diejenigen Wörter, die den Inhalt des Textes und seine wesentlichen Aussagen „transportieren". Oft sind es genau diejenigen Wörter, die die W-Fragen beantworten - also die Frage: „Wer macht was mit welchen Mitteln, wann und mit welchem Ergebnis?".
Wer die richtigen Schlüsselwörter auswählt und sammelt, müsste den Inhalt eines Textes verstehen oder zumindest erahnen, selbst wenn die anderen Wörter weggelassen würden.

11 Markiere in den drei Sätzen jeweils ein bis zwei Wörter, die deiner Meinung nach die Bedeutung des Satzes transportieren und „aufschließen" können.

a) Das Betätigungsfeld der Jugendfeuerwehren umfasst viele Bereiche: Sport und Spiel, Basteln und Werken, Wettbewerbe und Zeltlager, Bühnenprogramme, aktive Umweltschutzmaßnahmen und vieles mehr.

b) Jugendfeuerwehrarbeit orientiert sich vorrangig an den Interessen und Bedürfnissen ihrer Mitglieder.

c) Sie soll den Jugendlichen aber auch zeigen, dass es sich lohnt, für den Staat mit seinen Bürgerinnen und Bürgern Verantwortung zu übernehmen und bereit zu sein, seinen Mitmenschen bei Not und Gefahr unentgeltlich zu helfen.

12 Fasse die vier Sätze in wenigen Stichwörtern zusammen.

a) Beispiel: Das Eintrittsalter in die Jugendfeuerwehr richtet sich nach den gesetzlichen Bestimmungen der einzelnen Bundesländer.

Eintrittsalter: gesetzliche Bestimmungen Bundesländer

b) Im Durchschnitt liegt das Eintrittsalter in der Jugendfeuerwehr bei 10 Jahren.

c) Auch der Zeitpunkt der Übernahme von Jugendlichen in die Abteilungen der Erwachsenen-Feuerwehr ist in Gesetzen geregelt.

d) In der Deutschen Jugendfeuerwehr sind derzeit über 260.000 Jugendliche (davon über 57.000 Mädchen) aktiv.

7.3 Fragen zu einem Text formulieren

Regel

Textverständnis mithilfe der W-Fragen erfassen

+ Um einen Text gründlicher zu erfassen, kann es hilfreich sein, auf die sogenannten **W-Fragen** zurückzugreifen. Die W-Fragen haben ihren Namen davon, dass die Fragewörtchen mit dem Buchstaben *W* beginnen. Die W-Fragen lassen sich sowohl für den gesamten Text wie auch für einzelne Textabschnitte beantworten.
+ Typische W-Fragen sind:
  - **Was** wird berichtet oder beschrieben?
  - **Wann** hat sich das Beschriebene ereignet?
  - **Wo** hat sich das Beschriebene ereignet?
  - **Wer** war beteiligt?
  - **Warum** haben die beteiligten Personen so gehandelt?
  - **Welche Gründe** hat das Geschehen?
  - **Welche Folgen** hat das Geschehen?

13 Notiere die passende W-Fragen zu den vorgegebenen Antworten.

Erstes Euro-Mediterranes Jugendparlament
102 Jugendliche aus den 27 Mitgliedsländern der Europäischen Union kamen vom 26. Mai bis zum 3. Juni in Berlin zusammen und diskutierten über aktuelle gesellschaftliche Themen. Wie in einem „richtigen" Parlament auch wurden dazu in Arbeitsgruppen Lösungsvorschläge erarbeitet, die dann in Beschlüssen mündeten.

a) Frage: ______________________________

Antwort: In Berlin

b) Frage: ______________________________

Antwort: Zwischen dem 26. Mai und dem 3. Juni

c) Frage: ______________________________

Antwort: 102 Jugendliche

d) Frage: ______________________________

Antwort: Sie diskutierten aktuelle Themen und fassten Beschlüsse.

Info plus

Eigentlich treffen sich in einem **Parlament** ja die erwachsenen Politiker, um über politische Fragen zu sprechen und Beschlüsse zu fassen. Dass in einem Parlament schon immer viel geredet und diskutiert wird, zeigt die Herkunft des Fremdwortes. Das Wort *Parlament* stammt nämlich aus dem Französischen. Wenn du genau hinsiehst oder -hörst, erkennst du, dass das französische Verb *parler* in *Parlament* enthalten ist. *Parler* bedeutet „reden". Kinder- und Jugendparlamente werden veranstaltet, um Jugendlichen die Arbeit der Politikerinnen und Politiker näherzubringen und das Interesse an der Politik zu wecken.

14 Formuliere zu dem Abschnitt passende W-Fragen und beantworte sie.

Die Teilnehmer des Jugendparlamentes erlebten neben der politischen Arbeit ein vielfältiges Kultur- und Unterhaltungsprogramm. Dabei sollten die Jugendlichen aus den verschiedenen Ländern auch in einen privaten Gedankenaustausch kommen. Sport- und Spielveranstaltungen sowie ein Konzert wurden in diesem Zusammenhang angeboten. Sowohl die Gespräche während der Parlamentssitzungen als auch das weitere Programm zeigten, wie viele Gemeinsamkeiten die Jugendlichen haben.
nach: www.auswaertiges-amt.de/diplo/de/Europa/Jugend/EuromediterranesJugendparlament.html

1. Frage: ______________________________

Antwort: ______________________________

2. Frage: ______________________________

Antwort: ______________________________

3. Frage: ______________________________

Antwort: ______________________________

4. Frage: ______________________________

Antwort: ______________________________

Tipp

Unbekannte Wörter

Wenn du einzelne Wörter eines Textes nicht verstehst, weil es sich zum Beispiel um Fremdwörter oder spezielle Fachbegriffe handelt, gibt es verschiedene Möglichkeiten, den Text dennoch zu erschließen:

- Versuche, das Wort aus dem **Textzusammenhang** zu erklären.
- Versuche den **Satz** zu **verstehen**, auch wenn du ein einzelnes Wort nicht kennst.
- Versuche, **verwandte Begriffe** zu finden, deren Bedeutung du kennst.
- Überlege, ob du ein verwandtes Wort in einer fremden Sprache kennst und seine Bedeutung übertragen kannst.
- Schlage das Wort in einem **Lexikon** nach.

15 Erkläre die Bedeutung der unterstrichenen Fremdwörter mithilfe des Textzusammenhangs.

Die Jugendlichen stammten aus den Staaten Mitteleuropas und den Staaten, die ans Mittelmeer angrenzen. Vor allem die letztgenannten Teilnehmer, also jene aus den mediterranen Ländern, befassten sich mit Fragen des Umwelt- und Naturschutzes.

mediterran: ______________________________

Am Ende der langen Diskussion wurden die Ergebnisse in sogenannten Resolutionen zusammengefasst. Die Jugendlichen wollen diese zunächst unverbindlichen Beschlüsse an die Staatschefs ihrer Länder weitergeben.

Resolution: ______________________________

16 Schlage folgende Wörter im Lexikon nach und notiere ihre Bedeutung.

mediterran: ______________________________

Resolution: ______________________________

Nachhaltigkeit: ______________________________

Anrainerstaaten: ______________________________

72 – 74 Welche Aufgaben haben die Abschnitte eines Textes in Bezug auf das Thema und den Leser?

72 Die Einleitung ______________________

73 Der Hauptteil ______________________

74 Der Schluss ______________________

75 Nenne drei typische Kennzeichen, die darauf schließen lassen, dass ein neuer Abschnitt des Textes beginnt.

____

____

76 Nenne vier typische W-Fragen.

____

77 Erkläre, was ein „Schlüsselwort" ist und welche Rolle es bei der Beschäftigung mit einem Text spielen kann.

____

78 – 80 Nenne drei Möglichkeiten, wie du vorgehen kannst, um den Sinn eines unbekannten Wortes zu erfassen.

78 ______________________

79 ______________________

80 ______________________

81 Erkläre die Bedeutung der unterstrichenen Fremdwörter gegebenenfalls mithilfe eines Lexikons und notiere ihre Bedeutung.

Gewalt in den Schulen ist ein <u>dominantes</u> Thema. Jetzt werden Maßnahmen ergriffen, um den Schülerinnen und Schülern <u>soziale Kompetenzen</u> zu vermitteln.

____

____

Der Wettbewerb „Jugend musiziert"
Zeigen, was man kann, wissen, wo man steht

(1) „Jugend musiziert" ist ein Nachwuchswettbewerb für Amateure, der seit 1963 für Solisten und Kammermusik-Ensembles ausgetragen wird.

(2) Jedes Jahr entscheiden sich viele tausend junge Leute zum Mitmachen, inzwischen beteiligen sich über 19.000 Jugendliche daran. Mitmachen kann jeder, der privaten Musikunterricht erhält, an einer Musikschule oder an der allgemeinbildenden Schule unterrichtet wird. Einzige Bedingung: Wer teilnehmen möchte, darf noch kein Musikstudium aufgenommen haben, denn dann gilt er als Profi.

(3) „Jugend musiziert" ist in den 60-er Jahren entwickelt worden, als die deutschen Orchester noch ein ernsthaftes Nachwuchsproblem hatten. Mithilfe eines dreistufigen Wettbewerbs war es möglich, in effizienter Weise musikalischen Nachwuchs zu finden und gezielt zu fördern.

(4) Seitdem hat sich die Orchesterlandschaft stark verändert, und bei „Jugend musiziert" steht nicht mehr die gezielte Suche nach Orchesternachwuchs im Vordergrund, sondern der Team-Gedanke: miteinander zu musizieren, gemeinsam ein Werk der Musikliteratur zu erarbeiten und es zur Aufführung zu bringen.

(5) Neben Motivation und Anregung, die der Wettbewerb vermittelt, stellt „Jugend musiziert" weitere Förderungen und Stipendien bereit. Das können auch Projekte des Deutschen Musikrates und der Landesmusikräte sein, beispielsweise das Bundesjugendorchester, die Landesjugendorchester oder Kammermusikkurse.

aus: www.jugend-musiziert.org

1 Erkläre die Wörter aus dem Textzusammenhang oder mithilfe des Wörterbuchs. Notiere zusätzlich, um welche Wortart es sich handelt. ___/8

Amateur: ______________________________

effizient: ______________________________

Motivation: ______________________________

Stipendien (Singular: Stipendium) ______________________________

____

__/4 **2** Kreuze denjenigen Satz an, der den Text deiner Meinung nach am treffendsten wiedergibt.

- ☐ In dem Text geht es um einen Nachwuchswettbewerb für Amateure aus den 60er-Jahren.
- ☐ Der Text informiert über die Situation, die Geschichte, die Absicht und die Inhalte der Initiative „Jugend musiziert".
- ☐ Der Text beschreibt, dass bei „Jugend musiziert" nicht mehr die gezielte Suche nach Orchesternachwuchs im Vordergrund steht, sondern der Team-Gedanke.

__/10 **3** Ergänze die Sätze mit den richtigen Informationen.

a) Der Wettbewerb „Jugend musiziert" richtet sich an ______________________

b) Nicht teilnehmen dürfen Musiker, die ______________________

c) In den 60-er Jahren ging es der Initiative vor allem darum, ______________________

____

d) Heute geht es eher um ______________________

e) Neben Wettbewerben und Anregungen bietet der Wettbewerb ______________________

____

__/4 **4** Kreuze an, welche Zusammenfassung am besten zu Abschnitt 2 passt.

- ☐ Der 2. Abschnitt berichtet, dass sich Musikstudenten leider nicht für den Wettbewerb interessieren.
- ☐ Der 2. Abschnitt informiert über die Teilnehmerzahlen und die Teilnahmebedingungen.
- ☐ Der 2. Abschnitt erklärt, ab wann man in der Musikbranche als Profi gilt.

__/8 **5** Unterstreiche die Schlüsselwörter im 4. Abschnitt und formuliere eine entsprechende Zusammenfassung für diesen 4. Abschnitt.

Der 4. Abschnitt ______________________

____

____

Gesamtpunktzahl __/34

82 Wann schreibt man im Deutschen ein Wort groß?

83 Wie unterscheidet die Rechtschreibung ein stimmloses s von einem stimmhaften s?

84 Wann wird der s-Laut als ß geschrieben?

85 Was musst du bei den Satzzeichen beachten, wenn die Redeerklärung in die wörtliche Rede eingeschoben wird?

86 Welche Probe zeigt, was zu einem Satzglied gehört?

87 Was ist eine „Prädikatsklammer"?

88 Was ist ein Satzgefüge und was ist bei der Zeichensetzung zu beachten? Notiere ein Beispiel.

89 Was ist ein Präpositionalobjekt und wie fragt man nach ihm?

90 Adjektive können verschiedene Aufgaben im Satz übernehmen. Nenne zwei.

91 Wann werden Adjektive verändert, wann bleiben sie unverändert?

92 Was unterscheidet starke und schwache Verben?

93 Welche Perspektive liegt vor, wenn der Text aus der Sicht der Person geschrieben ist, die alles erlebt hat?

94 Wie kann man überprüfen, ob ein Handlungsschritt überflüssig ist?

95 Worüber können Redeeinleitungen Auskunft geben? Gib jeweils ein Beispiel.

96 Welche Kennzeichen bestimmen die Sprache eines Berichtes und einer Beschreibung?

97 Streiche die Elemente, die in einem Bericht nicht vorkommen:
Spannender Höhepunkt – Einleitung – Beispiel – Schluss – Hauptteil – Beweis – Überschrift – Absender

98 Woran erkennt man neue Sinnabschnitte in einem erzählenden Text?

99 Wie heißen die Wörter, die die wesentlichen Aussagen eines Textes transportieren?

Kapitel 1: Rechtschreibung

1 **D**ie Reise nach Berlin kann losgehen **Seite 6**
Emil nahm seine Schülermütze ab und sagte: „**G**uten Tag, meine Herrschaften. **I**st vielleicht noch ein Plätzchen frei?" **N**atürlich war noch ein Platz frei. **E**ine dicke Dame, die sich den linken Schuh ausgezogen hatte, weil er drückte, sagte zu ihrem Nachbarn: „**S**olche höflichen Kinder sind heutzutage selten. **W**enn ich da an meine Jugend zurückdenke. **D**a herrschte ein anderer Geist." **D**abei turnte sie im Takte mit den Zehen im linken Strumpf herum. **E**mil schaute interessiert zu. **D**er Mann konnte vor Schnaufen kaum nicken.

2 … Früher war **das** Leben besser. Er hörte schon gar nicht mehr hin, wenn **ein** Erwachsener sagte, früher sei **die** Luft gesünder gewesen oder **die** Ochsen hätten **einen** größeren Kopf gehabt. Meistens waren **die** Geschichten nicht wahr und **die** Leute gehörten bloß zu **der** Sorte von Menschen, die mit **dem** Leben nicht zufrieden sein wollten, … **Seite 7**

3 Emil setzte sich und tastete die Jackentasche ab. Er war erst beruhigt, als er das Kuvert mit dem Geld knistern hörte. Die Mitreisenden sahen nicht gerade wie Räuber und Mörder aus. Neben einem Mann saß eine Frau, die an einem Schal häkelte. Und an dem Fenster, neben Emil, las ein Herr mit einem steifen Hut die Zeitung. Der Mann bot Emil ein Stück Schokolade an und stellte sich vor: „Ich heiße Grundeis, sehr angenehm."

4 Die Reisegefährten, die Dame, den Schuh, der Schnittwarenhändler, der Junge, einem Blumenstand, einem Bahnhof, die Leute, ein Mann, einem Hut, das Geld, die Toilette, den Besitz **Seite 8**

5 **H**err **G**rundeis hatte es sich inzwischen mit seinem steifen **H**ut in der **E**cke des **A**bteils gemütlich gemacht und schlief. **E**mil war froh, dass er sich nicht zu unterhalten brauchte, und blickte durch das schmutzige **A**bteilfenster in die vorbeirasende **L**andschaft. **B**äume, **W**indmühlen, **F**elder, **F**abriken, **K**uhherden und winkende **B**auern zogen draußen vorbei. **A**llerdings kann man ja nicht stundenlang aus dem **F**enster starren. **A**uch **E**mil konnte die **A**ugen kaum aufhalten. **W**upp! **E**r zuckte zusammen und erschrak. **B**einahe wäre er eingeschlafen. **Seite 9**

6 seine **müden** Augen, sein **wertvolles** Kuvert, dem **unheimlichen** Mann, gegen die **starke** Müdigkeit, an seine **alte** Großmutter, an seine **freche** Cousine, bei diesen **schönen** Gedanken, in einen **tiefen** Schlaf.

7 a) Er **grüßt** Emil. b) Sie **erkundigt** sich nach ihm. c) Er **antwortet** den beiden. d) Er **fährt** bis nach Berlin. e) Er **schnarcht** sehr laut. f) Nun **schläft** Emil doch. **Seite 10**

8 Im Traum dachte Emil, der Zug führe immer im Kreis herum. Er erinnerte sich an seine alte Spielzeugeisenbahn. Nun träumte er, dass die Lokomotive hinter dem letzten Wagen fuhr. Wie bei einem kleinen Hund, der sich in seinen Schwanz beißt. Als Emil aufwachte, war niemand mehr im Abteil. Der fremde Mann war verschwunden. Emil griff nach dem Umschlag und merkte, dass er weg war. Der arme Junge erschrak. Sein Herz schlug schneller. Nun weinte Emil.

9 enttäuscht - der / die Enttäuschte; traurig - der / die Traurige; ängstlich - ein Ängstlicher / eine Ängstliche; unsicher - ein Unsicherer / eine Unsichere; überrascht - der / die Überraschte; laut - ein Lauter / eine Laute **Seite 11**

10 sitzen - das Sitzen; suchen - das Suchen; stehlen - das Stehlen; schauen - das Schauen; geben - das Geben; werfen - das Werfen

11 **N**iemand konnte **E**mils **W**einen hören, er war ja alleine im **Z**ugabteil. Das **S**chlimme war, er weinte wegen seiner **M**utter. **E**mil wusste, wie sie monatelang geschuftet hatte und wie schwer ihr das **S**paren gefallen war. **A**ber die **G**roßmutter in **B**erlin brauchte das **G**eld so dringend. **U**nd kaum saß der **H**err **S**ohn im **Z**ug, lehnte sich der **U**nzuverlässige in eine **E**cke, schlief ein und ließ sich von einem **S**krupellosen das **G**eld stehlen. Und da sollte der **B**estohlene nicht weinen? **W**as sollte der **R**atlose nun tun?

12 An einem großen Bahnhof blickt **der Ratlose** aus dem offenen Zugfenster auf **die Vorbeigehenden**. Da entdeckte er in einiger Entfernung und zwischen vielen Menschen einen steifen **Seite 12**

schwarzen Hut. Wenn das der freche Dieb war? Emils Stimmung änderte sich blitzartig. Im nächsten Augenblick stand **der Aufgeweckte** auf dem weiten Bahnsteig, packte seinen riesigen Koffer und rannte, so schnell er konnte, zum Ausgang. Wo war **der Unverschämte**? Der aufgeregte Junge stolperte, stieß **einen Wartenden** mit dem Koffer und rannte weiter. Die Menschenmenge wurde immer dichter und undurchdringlicher. Da! Dort war der steife Hut! Himmel, da drüben war ja noch einer. Emil konnte den wuchtigen Koffer kaum schleppen. Plötzlich stand **der Gesuchte** direkt vor ihm … (Substantivierungen sind halbfett hervorgehoben. Achte auch auf die übrige Großschreibung.)

Seite 13

13 Vor dem Essen: Händewaschen nicht **vergessen**! Von unheimlichen Wesen kann man in Gruselbüchern **lesen**. Er malt mit seinem Pinsel ein Meer und eine **Insel**.

14 Der kleine Wassermann döst in einem großen, rosa Wasserbett und träumt davon, dass er ein riesiges Walross an der Küste nass spritzt.

Das Walross hasst es, wenn es beim Sonnenbaden gestört wird, weiß aber, dass der Wassermann es nicht so bald in Ruhe lassen wird.

Seite 14

15 Gasse: Stimmloses *s* nach kurzem Vokal; Rose: Stimmhaftes *s* nach langem Vokal; Grieß: Stimmloses *s* nach langem Vokal.

16

s schreibt man, wenn das *s* stimmhaft gesprochen wird.	**ss** schreibt man, wenn das *s* stimmlos gesprochen wird und einem kurzen Vokal folgt.	**ß** schreibt man, wenn das *s* stimmlos gesprochen wird und einem langen Vokal folgt.
Wesen, Wiesel, Feinkost, Rasenmäher, Kieselstein, Amsel, Pause, böse, Eisen	fressen, küssen, Rassel, Drossel, Kissen, bissig, Riss, Lasso	beißen, büßen, sprießen

Seite 15

17 Am meisten Spa**ß** machte e**s** dem kleinen Wa**ss**ermann, das Walro**ss** zu erschrecken, wenn es gerade eingeschlafen war. Oft legte sich das schwere Tier in den hei**ß**en Sand der Kü**s**te, um seine na**ss**e Haut trocknen zu la**ss**en. Am be**s**ten eigneten sich dazu die Mittagsstunden, wenn die Sonne glei**ß**end schien und ihre Strahlen am be**s**ten wärmten. Dann lie**ß** sich der kleine Wa**ss**ermann ganz nahe an seinen Freund heran treiben und spritzte ohne Vorwarnung das ei**s**kalte Na**ss** auf den Dö**s**enden. Mei**s**tens tat das Walro**ss** dann nur so, als ob es bö**s**e sei und schimpfte immer mit denselben Worten: „Welcher Du**ss**el spritzt denn blo**ß** das ei**s**ige Wa**ss**er auf meinen Ruheplatz und bereitet mir in der Mittagspau**s**e einen solch gro**ß**en und überflü**ss**igen Stre**ss**? Na, wenn ich den fa**ss**e, der kann etwa**s** erleben …" Je lauter das Walro**ss** schimpfte, umso lu**s**tiger fand dies der Wa**ss**ermann. Mei**s**tens gab er sich sehr schnell zu erkennen und grü**ß**te: „Hallo Freund Walro**ss**, es war nur ein Spa**ß**!"

Seite 16

18 rēden Schūle Lēhrer Tāfel Schūltasche Rādīergummi Tēe

19 a) Langer Vokal ohne Schreibveränderung: anrufen, beraten, Fernglas, Plan, reinlegen, Tag, Tor
Doppelte Vokale: Schnee, See, Tee, Zoo
Längenkennzeichnung durch Dehnungs-h: froh, gefährlich, gewöhnen, Jahr, kühl, Reh
Langes ie: Giebel, liefen, Riesen, schief, schliefen
b) freie Schülerlösung

Seite 17

20 richtige Schreibung: lebte, schlief, Tag, während, spukte, noblen, Wohnung, riesige, berühmten, Möbel, Saal, vielen, Dachboden, Verlies, paar, Giebel, Siedlung, liebte, gefiel, Schnee, lag, Mondes

21 a) Rassel Nessel ~~rieseln~~ fusseln küssen Pass ~~Gruß~~ Wasser
b) brummen Semmel ~~lahm~~ hämmern ~~ihm~~ Kamm Summe kommen
c) Dipp klappern ~~hupen~~ tippen stoppen Wippe Suppe Mappe ~~Doping~~
d) wetten Kette satt ~~Brot~~ fett Mitte bitten ~~Miete~~ schütteln

Seite 18

22 a) Lasso, b) Witz, c) Kuss, d) Tasse, e) rasen

23 a) Pfiff, b) kommen, c) besser, d) kann, e) Affen

24 a) Glatze, Glatzen, Mütze, Mützen, Mützchen, setzen, Kätzchen, witzig
b) Flecken, strecken, Decke, Decken, dreckig, eckig

25 Es bega**nn** eine Zeit, in der das kleine Gespenst sich i**mm**er sehnlicher wünschte, die We**l**t einmal bei Tageslicht erk**u**nden zu kö**nn**en. Sein Freund der Uhu ha**tt**e ihm immer wieder davon abgeraten und von einer Ma**ss**e an Gefahren berichtet. Doch das Gespenst glaubte nicht, dass viel pa**ss**ieren kö**nn**te. Es trug auch immer einen Bu**n**d von Schlü**ss**eln bei sich, mit dem es sich im Notfa**ll** wehren kö**nn**te. In einer Juninacht nach einem so**nn**igen Tag entschlo**ss** sich das Gespenst, nach der Geisterstu**n**de wach zu bleiben und den Morgen zu erwarten. Doch es schlief immer wieder ein. Auch in der nächsten Nacht, in der ein he**f**tiger Regen pra**ss**elte und das Wa**ss**er laut die Regenri**nn**e herunterlief, scha**ff**te es das kleine Gespenst nicht, wach zu bleiben. Es mu**ss**te sich damit abfinden, dass sich manche Dinge in der Natur nicht ändern la**ss**en. Seite 19

26 Jetzt wurde das kleine Gespenst aufgrund der Fehlschläge **immer** trauriger. Häufig **ließ** es in den folgenden Nächten den Kopf hängen. Es glaubte, dass es ihm nicht mehr **vergönnt** sein werde, die Welt bei Tage **entdecken** zu **können**. Aber manchmal gehen Wünsche ja gerade dann in **Erfüllung**, wenn man am wenigsten darauf **hofft**.

27 Laufdiktat (Text siehe Seite 20) Seite 20

28

Fehler	**richtige Schreibung**
Das kleine Gespenst verstand allmälich, was paßiert war und traute	*allmählich, passiert*
seinen Augen kaum. Wie hell und bunnt die Welt auf einmal war. Das	*bunt*
Gespenst war nun nicht mehr zu halten. Es hastete die Trepe hinunter	*Treppe*
bis ins Erdgeschos des Schlosses. Dann huschte es aus der Vohrhalle	*Erdgeschoss, Vorhalle*
in den Burghof. Aber der Zufal wollte es, dass an dihsem Vormitag	*Zufall, diesem, Vormittag*
ausgerechnet Herr Oberleerer Thalmeyer mit seiner vierten Klase das	*Oberlehrer, Klasse*
Burgmuseum besuuchte und nun gerade von der anderen Seite in	*besuchte*
die Hale traht. Als die Kinder das kleine Gespenst erblikten, fingen	*Halle, trat, erblickten*
sie an zu schreien. Das gaab einen wahnsinigen Lärm und das kleine	*gab, wahnsinnigen*
Gespenst, das an Kindergeschrei nicht gewönt war, bekahm einen	*gewöhnt, bekam*
solchen Schreken, dass es schleunigst verschwand. Es sauste auf den	*Schrecken*
Burghoof. Ein pahr Jungen liefen ihm schnell hinterher und wolten das	*Burghof, paar, wollten*
Gespenst einfangen. Zum Glück entdekte es ein guhtes Versteck und	*entdeckte, gutes*
konnte der Gefaar entgehen.	*Gefahr*

Training plus

Seite 21

1 Wörter werden großgeschrieben, wenn sie am Anfang des Satzes oder einer Überschrift stehen. Alle Namen und Substantive werden großgeschrieben.

2/3 Verben und Adjektive beginnen mit kleinen Buchstaben. Verben: z. B. laufen, trinken, schlafen; Adjektive: z. B. lange, schnell, fest.

4 Es handelt sich um Substantivierungen (substantivierte Adjektive: der Schnelle, die Weite, das Blaue; substantiviertes Verb: das Schreiben).

5 Stimmlose Aussprache: fassen; stimmhafte Aussprache: Rose.

6 Ein stimmlos ausgesprochenes ***s*** wird nach kurzem Vokal als ***ss*** geschrieben. Nach langem Vokal schreibt man ***ß***.

7 Diphthonge: au, ei, eu

8 Vokale: a, e, i, o, u

9 Lange Vokale können angezeigt werden durch Vokalverdopplung oder durch ein Dehnungs-h.

10 Kurze Vokale können schriftlich angezeigt werden durch einen folgenden Doppelkonsonanten. Oft werden sie allerdings gar nicht schriftlich angezeigt, wenn mehrere Konsonanten folgen.

11 Das kurz gesprochene ***z*** wird zu ***tz***, das kurz gesprochene ***k*** zu ***ck***.

Abschlusstest

Allgemeine Hinweise zum Abschlusstest

Damit du deine Gesamtpunktzahl einfach errechnen kannst, gibt es für jede Teilaufgabe bei Lückenaufgaben in der Regel einen Punkt, bei Aufgaben mit selbstständigen Ergänzungen oder Zuordnungen zwei Punkte.

Leider ist es nicht möglich, einen allgemeingültigen Notenschlüssel vorzugeben. Er wechselt von Schule zu Schule, von Bundesland zu Bundesland. Damit du deine Leistung einschätzen kannst, gibt es folgende Orientierungspunkte:

- Wenn du mehr als 80 Prozent der Gesamtpunktzahl erreicht hast, ist dein Ergebnis gut oder besser.
- Wenn du mehr als 50 Prozent der Gesamtpunktzahl erreicht hast, ist dein Ergebnis ausreichend oder befriedigend.
- Wenn du weniger als 50 Prozent der Gesamtpunktzahl erreicht hast, ist dein Ergebnis nicht mehr ausreichend. Du solltest dann die Regeln und Aufgaben, bei denen du viele Fehler gemacht hast, noch einmal genau nachlesen und üben.

100 bis 80 Prozent	79 bis 50 Prozent	unter 50 Prozent
sehr gut bis gut	befriedigend bis ausreichend	nicht mehr ausreichend

Seite 22

1 der Schulbus: Substantiv — fährt: Verb — müde: Adjektiv
überfüllt: Adjektiv — der Busfahrer: Substantiv — das Ziel: Substantiv

___/5

2 Mit einem großen Anfangsbuchstaben beginnen Wörter der Wortart **Substantiv** (z. B. die Katze) und **Namen** (z. B. Anna, Jakob). Außerdem beginnen Wörter am Anfang von Überschriften und **Sätzen** mit einem **großen** Anfangsbuchstaben. Auch **Substantivierungen** schreibt man groß. Das sind Wörter, die zwar von Adjektiven und Verben abgeleitet sind, aber als Substantive benutzt werden. Häufig erkennt man sie an dem dabei stehenden bestimmten oder unbestimmten **Artikel**. Mit einem kleinen Anfangsbuchstaben beginnen zum Beispiel die Wörter der Wortarten **Adjektiv** (z. B. klein, rund, lieb) und **Verb** (z. B. schlafen, essen, schreien). Vielleicht kennst du aus der Grundschule die deutschen Bezeichnungen für die lateinischen Fachbegriffe. Man spricht hier von **Eigenschaftswörtern** und **Tätigkeitswörtern**.

___/10

Seite 23

3 **L**iebe (**A, Satzanfang**) **C**hristina (**N**), habe verschlafen und den **B**us (**S**) verpasst. **E**ntschuldige (**V, Satzanfang**) mich in der **S**chule (**S**).
Hei **E**vi (**N**), ich entschuldige dich. **H**err (**S**) **M**üller (**N**) wird keine **F**reude (**S**) daran haben. **D**enke (**Verb, Satzanfang**) an die **M**athearbeit (**S**).
Mathe (**N, Satzanfang**) ist mir egal. **E**in (**Satzanfang**) **J**ugendlicher (**S**) braucht seinen **S**chlaf (**S**).

___/15

4 stimmhafte s-Laute: Be**s**en - Va**s**e - lo**s**en - dö**s**en - Ho**s**e - Pau**s**e

___/6

5 Ein einfaches s schreibt man meistens, wenn der s-Laut **stimmhaft** ausgesprochen wird. Bei stimmloser Aussprache unterscheidet man zwischen den Schreibungen **ss** und **ß**.
ss schreibt man, wenn der vorausgehende Vokal **kurz** gesprochen wird (z. B. muss/fassen). Wird der vorausgehende Vokal **lang** gesprochen (z. B. Gruß/Fuß/Gesäß) schreibt man **ß**. Auf diese Regeln kannst du dich verlassen. Sie gelten ohne Ausnahme.

___/7

Seite 24

Rüssel ✓	~~Raßel~~ **Rassel**	Kiesel ✓	~~Riß~~ **Riss**
essen ✓	~~Gefäs~~ **Gefäß**	~~Fuss~~ **Fuß**	~~Fluß~~ **Fluss**
Gruß ✓	~~Paß~~ **Pass**	fließen ✓	~~Resst~~ **Rest**

6 ___/7

7 Gestern hatte ich mein Pau**s**enbrot zu Hau**s**e verge**ss**en. Ich suchte es überall, doch es lie**ß** sich nirgends finden. Mei**s**tens bin ich derjenige, der sich über die Verge**ss**lichkeit und Schu**ss**eligkeit der anderen amü**s**iert, aber gestern wurde ich eines Be**ss**eren belehrt. Zum Glück hatte ich etwas Geld dabei und konnte mir in der Men**s**a etwas zu e**ss**en kaufen. So sa**ß** ich nicht mit knurrendem Magen im Unterricht. Nachmittags sah ich, dass ich das Brot auf dem Tisch verge**ss**en hatte. Ich konnte es nun zu Hau**s**e verspei**s**en, wo es besonders gut schmeckte.

___/15

8 richtige Sätze:
a) Nach kurzen Vokalen steht oft ein Doppelkonsonant. ✓
c) Manche Vokale werden verdoppelt, um die Länge zu kennzeichnen. ✓

f) Um ein langes *i* zu kennzeichnen, schreibt man *ie*. ✓
g) Der Konsonant *k* wird nicht verdoppelt, sondern als *ck* geschrieben. ✓ ___/8

9 lieben (**g**) rennen (**a**) wecken (**h**) Paar (**c**) **Seite 25**
Wetter (**a**) See (**c**) Sieb (**g**) Blick (**h**) ___/4

10 Bohrer ✓ ~~faaren~~ **fahren** ~~drükken~~ **drücken** leer ✓
~~waar~~ **war** Rassel ✓ ~~Spizzer~~ **Spitzer** ~~geschrihben~~ **geschrieben** ___/5

11 „Es ist schon ein tolles Gefühl, die bedrohten Robben zu retten", sagte ein Jugendlicher der Naturschutzorganisation gestern Mittag in einem Interview. Der Junge aus Stuttgart macht gerade ein freiwilliges Praktikum bei der Organisation und setzt sich gegen die Jagd auf die Tiere ein, die vor allem wegen ihres begehrten Fells gefährdet sind. Der junge Mann arbeitet bereits seit einem Monat an der Nordsee und kann sich vorstellen, auch beruflich im Umweltschutz tätig zu sein. „So hat man immer das Gefühl, etwas Sinnvolles zu leisten", begründet er seinen Zukunftswunsch. Vor allem bei jungen Leuten sei sehr oft festzustellen, dass sie kaum etwas über die Ausbeutung der Natur und der Meere wissen. ___/28

110 bis 88 Punkte	87 bis 55 Punkte	unter 55 Punkte
sehr gut bis gut	befriedigend bis ausreichend	nicht mehr ausreichend

___/110

Anmerkungen:
Aufgabe 3: Für jede richtige Großschreibung und jede richtige Wortart gibt es 0,5 Punkte.
Aufgabe 4: Für jeden richtig erkannten stimmhaften s-Laut gibt es 1 Punkt.
Aufgabe 6: Für jedes richtig erkannte und korrigierte Wort gibt es 1 Punkt.
Aufgabe 10: Für jedes richtig erkannte und korrigierte Wort gibt es 1 Punkt.

Kapitel 2: Zeichensetzung

1 Gestern war es sehr spät geworden. Fabian hatte lange gespielt und erzählt. Er war spät zu Bett gegangen. Am Morgen war er natürlich noch sehr müde. Nur mit Mühe aß er sein Frühstücksbrot. Endlich war er fertig und konnte sich auf den Weg machen. Seine große Schwester schimpfte über die Trödelei, denn nun kam auch sie in Zeitnot. Sie hetzten zur Schule. Beim Öffnen der Schultür hörten sie die letzten Töne des Klingelzeichens. Fabian schaffte es gerade noch, vor seinem Klassenlehrer durch die Tür zu schlüpfen. Seine große Schwester hatte weniger Glück. Sie musste einen Aufsatz schreiben über die Vorteile der Pünktlichkeit. **Seite 26**

2 Gestern waren Tim und sein Freund ratlos. Was war jetzt genau die Hausaufgabe? Stand das wirklich an der Tafel? Sie berieten, was zu tun sei. Wer hat da noch aufgepasst und mitgeschrieben? Wusste Tina Rat? Tim überlegte, wen er anrufen könnte. Es fiel ihm niemand außer Tina ein. Wird Tina ihnen weiterhelfen? Am Telefon fragte Tim Tina, welche Aufgaben nun gestellt worden waren. Tina hatte wirklich aufgepasst. Sie wusste, was getan werden musste. Aber sie fragte dann doch noch, warum Tim nicht besser aufgepasst habe. So einfach aber war das für Tim nicht. Wie sollte man da aufpassen, wenn Karli gerade vom nächsten Fußballspiel sprechen wollte? Aber für die Zukunft konnte man sich ja etwas vornehmen, oder nicht? **Seite 27**

3 a) Punkt, b) Fragezeichen, c) Punkt, d) Fragezeichen, e) Punkt **Seite 28**

4 „Wir wollen demnächst Theater spielen. Sollen wir nicht noch zwei Proben einschieben? Ihr wollt euch doch nicht blamieren! Überlegt es euch bis morgen, ob wir die zwei Proben einschieben. Kommt bitte morgen pünktlich zur Probe. (!) Ihr könnt doch alle zur abgesprochenen Zeit? Es wäre schön, wenn ihr euren Text bis dahin schon beherrschen würdet! (.) Lernt also eure Rollen möglichst bald! Aber Vorsicht! Auch die Nebenrollen müssen gelernt werden! Bis morgen also."

5 mögliche Lösungen: **Seite 29**
a) Es hat zur großen Pause geläutet. Frau Schuhmacher fordert die Schüler und Schülerinnen auf: „Alle verlassen das Klassenzimmer!"
b) Herr Kleiner ermahnt die Klasse: „Keiner vergisst die Hausaufgaben!" Da murmelt Hannes vor sich hin: „Keiner vergisst die Hausaufgaben? Der wird sich wundern!"
c) Der Sportlehrer beschließt die Turnstunde mit der Ermahnung: „Alle helfen beim Aufräumen!"

6 Lars spielte mit seinem Gameboy, als seine Mutter ins Zimmer kam. „Unterbrichst du jetzt dein Spiel?", sagte sie. „Ich muss kurz weg. Kümmerst du dich, während ich weg bin, um deine kleine Schwester?" „Darf ich noch fünf Minuten weiterspielen?", fragte Lars zurück. „Nein", antwortete die Mutter. „Kommst du bitte sofort? Mein Bus fährt gleich." Lars fügte sich in sein Schicksal. Bald kam die Mutter zurück und staunte nicht schlecht. Lars war mit seiner kleinen Schwester richtig vertieft in das Gameboy-Spiel. „Kann man nicht auch etwas anderes mit seiner kleinen Schwester spielen?", rief sie schon von der Tür aus. „Vergiss nicht deine Hausaufgaben!"

Seite 30

7 a) Florian lernte seine Vokabeln, rechnete die Mathematikaufgaben aus **und** las den Erdkundetext durch.
b) Frau Schmied kaufte Äpfel, Orangen **und** Trauben.
c) Amsel, Drossel, Fink **und** Star sind im Frühling wieder da.
d) Anne flocht einen Zopf, Melissa band sich einen Pferdeschwanz **und** Kathi trug ihr Haar offen.
e) Gero sang, pfiff oder trällerte stets eine Melodie.
f) Am Dienstag standen Deutsch, Sport, Musik und Mathematik auf dem Stundenplan.
g) Neli ging zum Schwimmen, Swinda fuhr zum Rudern und Lea wollte Hausaufgaben erledigen.
h) Wir werden wandern und schwimmen, wir werden spazieren gehen oder wir werden uns einfach ausruhen.

Seite 31

8 a) Mehmet fragte nach einem Spiel, Aylin wollte die Uhrzeit wissen, Lars beschwerte sich über den Krach, **aber** Petra schüttelte nur abwartend den Kopf.
b) Ich schlafe nicht, ich döse nicht **und** ich träume nicht, **vielmehr** denke ich nach.
c) Der Weg führt nicht nach Hamburg, nicht nach Paris und nicht nach Berlin, **sondern** nach Rom.

9 Carla, Eric, Franzi und Winni hatten den ganzen Nachmittag gespielt. Sie spielten Verstecken, Gummitwist, Hüpfen und Blinde Kuh. Carla hatte oft gewonnen, Eric hatte ebenso oft verloren und Franzi lag im Mittelfeld. Carlas großer Bruder, Erics Schwester und Franzis Mama kamen fast gleichzeitig zum Spielplatz. Sie suchten die Kleinen und wollten sie nach Hause holen. Man verabredete sich noch schnell für morgen, verabschiedete sich und dann ging es nach Hause.

Seite 32

10 a) Wolfgang schrie auf, als ihn der Schneeball traf.
b) Nachdem der Zug abgefahren war, schloss der Beamte sein Fenster.
c) Nina legte ihrem Pferd den Sattel auf den Rücken, nachdem sie es sorgfältig gestriegelt hatte.
d) Julia sah, nachdem sie ihre Geige gestimmt hatte, sehr konzentriert auf ihr Notenblatt.
e) Tim erschrak heftig, als er das hörte.
f) Jessica erzählte, als es zu regnen anfing, von ihrem letzten Urlaub in Italien.

11 c) Es war schon etwas später, als Janik nach Hause kam. Seine Mutter wusste natürlich nicht, warum er sich verspätet hatte. Janik stotterte zuerst, druckste dann herum und gab schließlich nur eine unklare Auskunft, als sie ihn fragte, was nun wirklich passiert war. Hatte Janik den Bus verpasst? Wurde er irgendwo aufgehalten? Janik zuckte immer wieder nur die Schultern, wenn ihn jemand fragte. Allerdings grinste er dabei, schüttelte den Kopf und drehte sich dann weg. Was sollte das? Die Antwort gab Janik am nächsten Tag. Er vermisste, als er auf den Bus wartete, seine Mütze und ging noch mal zur Schule zurück, weil er dachte, dass er sie dort vergessen hatte. Dabei begegnete er seiner Lehrerin, welche ihm noch etwas Wichtiges mitzuteilen hatte. Diese Mitteilung hatte ihn dann so sehr mitgenommen, dass er vor lauter Freude vergaß, dass sein Bus gleich abfuhr. Seiner Mutter gestand er schließlich, was ihm seine Lehrerin so Wichtiges zu sagen hatte. Er hatte, was es bisher noch nie gab, die beste Klassenarbeit geschrieben.

Seite 33/34

12 Klaus erklärte laut und deutlich: „Ich mache da nicht mehr mit. Denn ich habe keine Lust, mich zu blamieren."
a) „Ich mache da nicht mehr mit", erklärte Klaus. „Denn ich habe keine Lust, mich zu blamieren."
b) „Ich mache da nicht mehr mit. Denn ich habe keine Lust, mich zu blamieren", erklärte Klaus.
Michaela erwiderte: „Ich habe die Hausaufgaben nicht gemacht, weil ich nicht genau wusste, was wir machen sollten."
a) „Ich habe die Hausaufgaben nicht gemacht", erwiderte Michaela, „weil ich nicht genau wusste, was wir machen sollten."

b) „Ich habe die Hausaufgaben nicht gemacht, weil ich nicht genau wusste, was wir machen sollten", erwiderte Michaela.

13 **Lukas mag nicht mehr** **Seite 34**
Lukas war gewiss kein schlechter Esser, schon gar nicht, wenn es sein Lieblingsessen gab. In den Ferien aber, wenn Lukas bei Oma und Opa zu Besuch war, musste er doch bisweilen passen. Er schaffte einfach nicht alles, was ihm Oma vorsetzte, auch wenn sie ihm immer wieder seine Lieblingsspeisen kochte. „Bitte nicht so viel!", bettelte Lukas immer wieder, aber Oma meinte: „Du musst tüchtig essen, dass du groß und stark wirst." „Und wenn du mich schlägst", konnte Lukas manchmal nur noch stöhnen, „ich schaff das einfach nicht." So hatte Lukas auch gestern aufgegeben, als Oma vorwurfsvoll meinte: „Ich versteh nicht, was du für ein Theater machst um das bisschen Essen. Es gibt Kinder", fuhr sie fort, „die wären froh, wenn sie auch nur die Hälfte von dem Essen auf dem Teller hätten, was du hast!" „Auch wenn du dir das nicht vorstellen kannst", stöhnte Lukas, „ich wäre auch froh."

Training plus **Seite 35**

12 Aussage, Mitteilung einer Information.
13 Ausruf, Aufforderung, Befehle, Wunsch
14 Frage, Einholen einer Information
15 Indirekte Fragen.
16 Die Frage wird nicht direkt formuliert, sondern in einem Nebensatz zum Ausdruck gebracht, der durch ein Wort wie „er fragte, ob …" eingeleitet wird. Beispiel: Sie waren sich nicht sicher, ob das alles so war.
17 Man kann fragen und auffordern.
18 Fragezeichen und Ausrufezeichen.
19 sondern - aber - vielmehr
20 Vor dem Hauptsatz oder in den Hauptsatz eingebaut oder nach dem Hauptsatz.
21 „Das ist das beste Wetter", sagte er, „zum Wandern." (mögliche Lösung)
22 Beginn und Ende einer wörtlichen Äußerung.
23 Vor dem Redeschlusszeichen. Beispiel: „Was fange ich nur an?", murmelte sie.

Abschlusstest **Seite 36**

1 a) Willst du mich heute Zum Fußballspiel begleiten? Redeabsicht: Frage
b) Komm doch mit zum Fußballspiel! Redeabsicht: Aufforderung, Wunsch
c) Mehmet möchte gern zum Fußballspiel gehen. Redeabsicht: Aussage
d) Ich weiß nicht, wie du das schaffen willst. Aussage + indirekte Frage
e) Bist du jetzt still? (Frage) oder Bist du jetzt still! (Aufforderung) **___/5**

2 a) Mehmet wollte zum Fußballspiel gehen.
b) Nico wollte seine Ruhe und Evi wollte lesen.
c) Die Stürmer auf dem Platz rannten, dribbelten und rackerten sich ab.
d) Sie waren nicht faul oder lustlos, sondern sie hatten einfach Pech.
e) Mehmets Team träumte vom schnellen, sicheren Aufstieg in die Oberliga.
f) Das Team spielte ziemlich gut, weil es eben gut trainiert hatte.
g) Nico staunte, als er von der Niederlage hörte, nicht schlecht.
h) Jan wollte, nachdem er mit Mehmet gesprochen hatte, mit Nico telefonieren.
i) Nico hörte das Telefon läuten, aber er nahm den Hörer nicht ab, sondern er verließ das Haus. **___/16**

3 „Jetzt reicht es aber!", schaltete sich die Mutter ein. „Ihr Streithähne gebt ab sofort Ruhe!" „Eigentlich wollten wir doch nur etwas fragen", piepste Nina. „Warum wirst du da gleich so böse?" „Richtig", ergänzte Kathi, „wir streiten überhaupt nicht." „Soso", lachte die Mutter. „Und warum wurde es plötzlich so laut?" „Weil …", druckste Nina herum, „weil wir uns nicht zu fragen trauen. „Alte Petze!", schaltete sich Kathi ein. „Wir haben gar nichts!" „Nun", sagte die Mutter, „irgendwas werdet ihr da schon ausgeheckt haben, oder?" „Ja, Mami, und mich wollten sie schicken, dich zu fragen!" „Aha, ihr wollt mich etwas fragen und traut euch nicht?", begann die Mutter erneut. „Aber dazu gibt es doch keinen Grund!" Und sie fuhr fort: „Fragen könnt ihr immer. Was ich antworte, das seht ihr dann." **Seite 37** **___/32,5**

	53,5 bis 43 Punkte	42,5 bis 26,5 Punkte	unter 26 Punkte
__/53,5	sehr gut bis gut	befriedigend bis ausreichend	nicht mehr ausreichend

Anmerkungen:
Aufgabe 2: Für jedes richtig gesetzte Zeichen gibt es 0,5 Punkte, für jeden erkannten Haupt- oder Nebensatz ebenfalls.
Aufgabe 3: Für jedes richtige Zeichen gibt es 0,5 Punkte.

Kapitel 3: Grammatik: Satzarten und Satzglieder

Seite 38

1 ☒ Gestern regnete es den ganzen Tag. ☒ Ich habe die Hausaufgaben nicht vergessen.
☒ In den Ferien spielten wir einen ganzen Tag lang mit den Eltern im Garten.

Seite 39

2 b) Achmed / war / auf seinem Schulweg / einem riesengroßen Hund / begegnet.
Einem riesengroßen Hund / war / Achmed / auf seinem Schulweg / begegnet.
Auf seinem Schulweg / war / Achmed / einem riesengroßen Hund / begegnet.
c) Der Hund / stand / einige Zeit / bellend / mitten auf der Straße.
Bellend / stand / der Hund / einige Zeit / mitten auf der Straße.
Einige Zeit / stand / der Hund / bellend / mitten auf der Straße.
Mitten auf der Straße / stand / der Hund / einige Zeit / bellend.
d) Der Besitzer des Hundes / nahm / ihn / schließlich / an die Leine.
Schließlich / nahm / der Besitzer des Hundes / ihn / an die Leine.
An die Leine / nahm / ihn / schließlich / der Besitzer des Hundes.
e) Endlich / konnte / Achmed / an dem kläffenden Hund / vorbei gehen.
Achmed / konnte / endlich / an dem kläffenden Hund / vorbei gehen.
An dem kläffenden Hund / konnte / Achmed / endlich / vorbei gehen.
(Es sind noch weitere Verschiebungen möglich.)

Seite 40

3 **Text 3: Das Pferd und der Esel**
Ein Bauer trieb ein Pferd und einen Esel zum Markt. Beide waren gleichmäßig beladen. Nach einer längeren Strecke fühlte der Esel seine Kräfte schwinden. Er bat das Pferd kläglich: „Bist du nicht viel größer und stärker als ich? Du hast aber nicht schwerer zu tragen. Nimm mir einen Teil meiner Last ab!"
Hartherzig schlug ihm das Pferd seine Bitte ab: „Warum soll ich? Ich habe gerade genug zu tragen."
Keuchend schleppte sich der Esel weiter. „Ich kann nicht mehr!", stöhnte er und brach erschöpft zusammen. „Geh weiter!", brüllte sein Herr. Aber das war vergeblich, denn der Esel war tot. So wurde nun die ganze Last des Esels dem Pferde aufgepackt. Dem Esel zog der Besitzer das Fell ab und legte auch dieses noch dem Pferde oben auf. „O je!" jammerte es da.
Zu spät bereute es seine Hartherzigkeit. Es klagte: „Warum habe ich dem Esel nicht geholfen? Hätte ich ihm doch nur einen kleinen Teil seiner Last abgenommen! Jetzt muss ich seine ganze Last und dazu noch seine Haut tragen."
Das lehrt die Fabel: Hilf zeitig, wo du helfen kannst. Hilf dem Nachbarn löschen, ehe das Feuer auch dein Dach ergreift. (nach Äsop)

4 Mögliche Lösungen:
b) Auf dem Spielplatz am Stadtpark spielen am Nachmittag bei schönem Wetter viele Kinder.
Viele Kinder spielen am Nachmittag bei schönem Wetter auf dem Spielplatz am Stadtpark.
Bei schönem Wetter spielen viele Kinder am Nachmittag auf dem Spielplatz am Stadtpark.
Am Nachmittag spielen viele Kinder bei schönem Wetter auf dem Spielplatz am Stadtpark.

Erwachsene sitzen am Nachmittag bisweilen auf einer Bank.
Auf einer Bank sitzen bisweilen am Nachmittag Erwachsene.
Am Nachmittag sitzen Erwachsene bisweilen auf einer Bank.
Bisweilen sitzen auf einer Bank am Nachmittag Erwachsene.

Mehrere Hunde balgen sich mit Feuereifer auf dem Rasen.
Auf dem Rasen balgen sich mehrere Hunde mit Feuereifer.
Mit Feuereifer balgen sich mehrere Hunde auf dem Rasen.

5 Sven und Lea treffen sich. „Hallo!", rief Sven. „Spielst du mit mir?", fragte er. Lea hatte aber keine Zeit. Sie muss Brötchen einkaufen. Am Nachmittag wird sie wohl Zeit haben. Wird Sven dann noch Lust haben, mit ihr zu spielen? „Komm doch heute Nachmittag!", fordert sie ihn auf. Sven zuckt nur mit den Schultern. „Warte mal ab!", sagte er nur. Wie wird sich Sven verhalten, wenn Lea am Nachmittag kommen wird? Mit wem soll er denn überhaupt spielen? Seite 41

6 a) und b)
Am Nachmittag, nachdem er die Hausaufgaben erledigt hat, ist Sven wieder unterwegs. Wird er Lea treffen? Lea wird sich wundern, wenn Sven nicht mit ihr spielen will. Warum hat sie am Morgen, als Sven sie ansprach, so wenig Zeit gehabt? „Such dir einen andern!" Das wird Sven ihr sagen. „Spiel, mit wem du willst!" Auch das wird er sagen. „Mit mir spielst du nur, wenn du keinen anderen hast." Aber was ist, wenn sie wirklich keine Zeit hatte? Sollte er nicht doch erst einmal mit Lea reden? Lea kommt gerade aus dem Haus, als er sich alles genauer zurechtlegen will, was er sagen soll. Sie ruft schon von ferne: „Hallo, Sven! Hast du Zeit, um mit mir zu spielen?" Was soll Sven jetzt nur sagen?
c) freie Schülerlösung

7 Seite 42/43

Mutter: Am nächsten Wochenende haben wir alle gleichzeitig frei, wenn ich das richtig sehe. Wollen wir nicht mal etwas gemeinsam unternehmen?
Vater: Ich habe mich schon darauf gefreut, dass ich ein wenig ausruhen kann.
Tabea: Toll, Mama! Wollen wir zum Baggersee fahren? Da könnten wir schwimmen!
Florian: Fahren wir lieber zum Holidaypark! Da gibt es dieses Jahr neue Geräte, die man alle umsonst benutzen kann.
Vater: Nein, im Holidaypark ist mir der Eintritt zu teuer. Wie wär's denn mit einer langen Wanderung zur Vogelschutz-Hütte, wo wir letztes Jahr einmal waren?
Mutter: Ich bin die ganze Woche von morgens bis abends auf den Beinen. Da möchte ich nicht noch am Wochenende stundenlang laufen, bis ich mich ein wenig ausruhen kann.
Tabea: Baggersee wäre da besser. Da kannst du ausruhen.
Florian: Wenn es regnet, kannst du ja immer noch den Schirm aufspannen. Nein, nein, wäre es da nicht besser, wenn wir zum Abenteuerspielplatz nach Dorsheim fahren?
Tabea: Ich möchte aber meinen Badeanzug mitnehmen, denn auf dem Spielplatz gibt es ein großes Planschbecken.
Mutter: Fahren wir nun zum Abenteuerspielplatz? Sind alle einverstanden? Gut. Ich werde für Essen und Trinken sorgen. Florian, suchst du unseren Picknickkorb auf dem Dachboden? Tabea, reinige bitte den Korb. Papa tankt das Auto auf.
Vater: Ist neben dem Abenteuerspielplatz nicht ein kleiner Wald?
Mutter: Was willst du denn mit dem Wald?
Vater: Wie wäre es denn mit einer Schnitzeljagd?
Tabea: Das Spiel, von dem du da sprichst, kennen wir nicht. Wie geht denn „Schnitzeljagd"?
Vater: Lasst euch mal überraschen. Ihr werdet begeistert sein. Ich muss nur noch einige Vorbereitungen treffen. Florian, hilfst du mir dabei?
Florian: Ich helfe dir schon, wenn du mir sagst, was ich tun muss.

d) und e) freie Schülerlösung

Seite 44 8 **Text 2: Vom Hund im Wasser**

Wer?	Was geschieht?	Wann?	Wo?	Wen?	Wem?	Wie?
Ein Hund	lief	eines Tages	durch einen Bach			
er	hielt		in seinem Maul	ein großes Stück Fleisch		
sah	er	Da	im Wasser	sein Spiegelbild		
er	glaubte					
ein zweiter Hund	sei		da			
dieser zweite Hund	hielt		zwischen den Zähnen	ein riesiges Stück Fleisch		
wollte haben	er			Dieses Fleisch		
Er	schnappte				da-nach	gierig
er	auftat	(als)		sein Maul		
sein Stück Fleisch	entfiel				ihm	
das rauschende Wasser	spülte weg	es				

Seite 45 9 **Text 3: Die Vogelhochzeit**

Ein Vogel wollte Hochzeit machen in dem grünen Walde. Fidirallala …
Die Drossel war der Bräutigam, die Amsel war die Braute. Fidirallala …
Der Seidenschwanz, der Seidenschwanz, der bringt der Braut den Hochzeitskranz. Fidirallala …
Der Auerhahn, der Auerhahn, der ist der würd'ge Herr Kaplan. Fidirallala …
Die Meise, die Meise, die singt das Kyrieleise. Fidirallala …
Die Gänse und die Anten, die sind die Musikanten. Fidirallala …
Der Pfau mit seinem bunten Schwanz, der führt die Braut zum Hochzeitstanz. Fidirallala …
Brautmutter ist die Eule, nimmt Abschied mit Geheule. Fidirallala …
Der Uhu, der Uhu, der macht die Fensterläden zu. Fidirallala …
Der Hahn, der krähet: Gute Nacht! Dann wird die Kammer zugemacht. Fidirallala …
Nun ist die Vogelhochzeit aus, und alle ziehn vergnügt nach Haus. Fidirallala …

Seite 46 10 **Text 4: Der Fuchs und die Trauben** (nach Äsop)

Ein **Fuchs** kam an einem hohen Rebstock vorbei. An dem Weinstock hingen **reife Trauben**. **Er** sah die Trauben und verspürte Hunger. **Der Fuchs** versuchte nun auf alle möglichen Arten, an die Trauben heran zu kommen. Aber **sie** hingen einfach zu hoch. **Alle Bemühungen** nutzten ihm nichts. Schließlich gab **der Ärmste** seine Bemühungen auf. Aber eine Ausrede legte **er** sich doch zurecht: „**Die grünen Dinger** sind noch nicht reif und außerdem viel zu sauer. Am Ende würde **man** sich nur die Zähne an ihnen ausbeißen!"
Die Fabel lehrt, dass **viele Leute** das schlechtmachen, was **sie** nicht erreichen können.

Seite 47 11 Mögliche Lösungen:

Morgen kommen wir möglichst schnell zum Spielen nach.
Mama hob die besonderen Eigenschaften ihres Sohnes stolz hervor.
Ich rufe dich morgen nach dem Spiel auf dem Handy an.
Frank schloss ohne Bedenken alle Fehler aus.
Maja wehrte mit den Händen den Schneeball ab.
Uli ruhte von der Anstrengung des Morgens am Nachmittag aus.

12 **Text 5: Eulenspiegel und die weißen Fenster**

Eulenspiegel **arbeitete** schon einige Zeit bei einem Malermeister. Der **verlangte** immer mehr von

seinem Gesellen. Eines Tages, kurz vor Feierabend, **sagte** er zu Eulenspiegel: **„Streiche** noch die Fenster, dann **kannst** du Feierabend **machen**!" Eulenspiegel **murrte** zwar, **nahm** dann doch den Pinsel und die Farbe und **begann** zu **streichen**.
Der Meister **ging** inzwischen ins Gasthaus und **trank** ein Bier und noch ein zweites. Dann **kam** er zurück. Da **traf** ihn fast der Schlag. „Was **hast** du denn da **gemacht**!", **brüllte** er und **schnappte** nach Luft. „Wieso?", **fragte** Eulenspiegel. „Ich **habe** die Fenster gestrichen, genau so, wie ihr es **befohlen habt**." „Du **solltest** die Fensterrahmen **streichen** und nicht die Fensterscheiben!", **brüllte** der Meister und **wollte** Eulenspiegel eine Ohrfeige **verpassen**. Der aber **hatte** sich schon **davongemacht**.

13 König: „Ich freue mich. Sind Sie angenehm gereist? Die Königin wartet schon. Berlin gefällt Ihnen hoffentlich." **Seite 49**
Baron: „Erlauben Sie, herzlichst zu danken. Ich möchte Ihrer Majestät „Guten Tag" sagen.
König: „Fahren Sie nach Potsdam. Der Stallmeister weiß schon Bescheid."
Baron: „Ich muss um Erlaubnis bitten. Der Gepäckwagen steht vor dem Halleschen Tor."
König: „Warum steht er vor dem Halleschen Tor, wenn Sie von Darmstadt kommen?"
Baron: „Wir haben uns verirrt und sind eine falsche Straße gefahren."
König: „Kutscher sind oft dumm. Aber Sie brauchen sich nicht zu entschuldigen. Lassen Sie sich Zeit!"
Baron: „Ich warte den Gepäckwagen ab, denn ich brauche Kleider. Dann werde ich die Königin begrüßen. Erlauben Sie mir, herzlichst zu danken."
Der König sagte verwundert zu seinem Kabinettsminister: „Das ist ein einfältiger Herr. Er redet nicht vernünftig. Aber der Königin gefällt er. Das verstehe ich nicht." Nun brachen die anwesenden Hofleute in ein schallendes Gelächter aus. [...] Der König ermahnte seine Leute: „Er ist mein Gast. Spottet nicht! Ihr dürft die Königin nicht betrüben!"

14 a) Beide Nominative werden durch das Verb „ist" gleichgesetzt. **Seite 50**
b) weitere Beispiele: Die Drossel war der Bräutigam; die Amsel war die Braute. Der Auerhahn, der ist der würd'ge Herr Kaplan. Die Gänse und die Anten, die sind die Musikanten. Brautmutter ist die Eule ...

15 Mögliche Lösung: Kerstin schenkte ihrer Freundin **ein Buch zum Geburtstag.**
Der vornehme Herr überreichte der Dame **einen Blumenstrauß.**
Jenny achtete nicht auf die Pfütze **auf dem Weg**, ihr Bruder übersah **den Fehler**.
Lukas malt **ein Bild** auf die Straße.

16 **Text 6: Der Fuchs und der Storch** (nach Äsop) **Seite 51**
Ein Fuchs hatte einen Storch zu Gast gebeten. Er setzte ihm die leckersten Speisen vor, servierte sie aber auf ganz flachen Schüsseln. Der hungrige Storch konnte mit seinem langen Schnabel daher nichts fressen. Gierig fraß der Fuchs alles allein. Gleichzeitig forderte er den Storch auf, es sich doch schmecken zu lassen. Der Storch sah sich betrogen, blieb aber heiter, lobte die Bewirtung und bat seinen Freund am nächsten Tag bei ihm Gast zu sein. Der Fuchs traute ihm nicht und wollte einer Blamage entgehen. Darum wies er die Einladung ab. Der Storch aber bat ihn immer wieder, und der Fuchs sagte ihm endlich zu.
Als er nun anderen Tages zum Storch kam, fand er alle möglichen Leckerbissen aufgetischt. Aber sie steckten in langhalsigen Geschirren. Das passte ihm natürlich nicht. „Folge meinem Beispiele", rief ihm der Storch zu, „bediene dich!" Und er schlürfte mit seinem Schnabel alles allein, während der Fuchs nur das Äußere der Geschirre belecken und den Duft der Speisen riechen konnte. Hungrig stand er vom Tische auf und gab zu, dass ihn der Storch für seinen Mutwillen hinlänglich gestraft und ihm eine deutliche Lehre erteilt habe. Sein ursprünglicher Streich war ihm gründlich misslungen. (____ = orange)

17 **Text 6: Das Lamm und der Wolf** (nach Äsop) **Seite 52**
Ein Lämmchen löschte eines Tages an einem Bache seinen Durst. Fern von ihm, aber näher der Quelle, tat ein Wolf zur selben Zeit das Gleiche. Kaum erblickte er das Lämmchen, schrie er laut und böse: „Warum trübst du mir das Wasser, das ich gerade trinken will?"
„Wie wäre das möglich", erwiderte schüchtern das Lämmchen, „ich stehe hier unten und du so weit oben; das Wasser fließt ja von dir zu mir, denn du stehst oben und ich unten. Glaube mir, es kam mir nie in den Sinn, dir etwas Böses zu tun!"

„Ei, sieh doch! Du machst es gerade so schlimm, wie dein Vater vor sechs Monaten; ich erinnere mich noch ganz genau. Du warst damals dabei, als ihr mir hier am Bach schon einmal das Wasser verdorben habt, aber du bist glücklich entkommen. Deinem Vater habe ich für seine Bosheit das Fell abgezogen!"
„Ach, Herr!" flehte zitternd das Lämmchen, „ich wurde ja erst vor vier Wochen geboren und kannte meinen Vater gar nicht. Er ist er schon so lange tot. Warum soll ich denn heute und hier für ihn büßen?"
„Du Unverschämter!", fletschte der Wolf mit erheuchelter Wut die Zähne. „Ich weiß doch ganz genau, dass euer ganzes Geschlecht mich seit eh und je hasst, und dafür werde ich mich jetzt endlich rächen." Ohne weitere Umstände zerriss er wütend das Lämmchen und verschlang es auf der Stelle.

Seite 53

18 Am **12.12.08** läuteten **zwei Stunden nach Mitternacht** in einer **Kirche** in **Würzburg** alle Glocken und störten die Nachtruhe **erheblich**. Das Läuten wurde verursacht vom Organisten der Kirche. Er hatte **am Abend** auf **der Orgel** für **ein Konzert** geübt. **Gegen 22.00 Uhr** übergab ihm der Kirchendiener einen Schlüssel, mit dem er nach **Beendigung seines Spiels** die Kirche verlassen konnte. **Etwa um 24.00 Uhr** wollte der Organist **nach Hause** gehen, musste aber feststellen, dass sein Schlüssel in **kein** Schloss **der Kirche** passte. Sein Versuch, jemanden **mit dem Handy** zu erreichen, scheiterte. Weitere Möglichkeiten, die Kirche zu verlassen, erprobte er **vergebens**. Ebenso **erfolglos** versuchte er, auf sich aufmerksam zu machen, indem er die kleine Glocke der Kirche läutete. Alles blieb **ruhig**. **Schließlich** entschloss er sich, das große Geläut einzuschalten. Der Pfarrer wurde geweckt und konnte am Ende **gegen 2 Uhr** den Musiker befreien.

Seite 54

Training plus

24 Aussagesatz: will eine Information mitteilen, macht eine Aussage über etwas.
25 Fragesatz: will eine Information einholen, will etwas wissen.
26 Aufforderungssatz: Fordert zu etwas auf, befiehlt etwas.
27 Ein Satz muss aus mindestens einem Wort bestehen: Aufforderungssatz: Komm!
28 Man unterscheidet Entscheidungsfragen (sie fordern eine Entscheidung und können mit ja oder nein beantwortet werden.) und
29 Ergänzungsfragen. Sie wollen ergänzende Informationen zu etwas.
30 Eine Satzreihe besteht aus mehreren Hauptsätzen, ein Satzgefüge besteht aus einem Hauptsatz und einem oder mehreren Nebensätzen.
31 Ich gehe nach Hause, ich erledige meine Hausaufgaben und ich spiele mit meinen Geschwistern Halma.(Satzreihe). Nachdem ich nach Hause gegangen war, habe ich meine Hausaufgaben erledigt. (Satzgefüge)
32 Das Prädikat
33 Das Subjekt
34 Das Akkusativobjekt
35 Das Dativobjekt
36 Das Präpositionalobjekt

Seite 55

Abschlusstest

1 **Die Eiche und das Schwein** (nach Lessing)
Ein gefräßiges Schwein mästete sich unter einer hohen Eiche mit den Früchten, welcher herabgefallen waren. Während es die eine Eichel zerbiss, verschluckte es bereits eine andere mit dem Auge und es suchte nach einer dritten.
„Du bist ein undankbares Vieh!", rief endlich der Eichbaum herab. „Du nährst dich von meinen Früchten, aber du richtest nicht einen einzigen dankbaren Blick auf mich in die Höhe."
Das Schwein hielt einen Augenblick inne. Dann grunzte zur Antwort: „Meine dankbaren Blicke sollten nicht außen bleiben, wenn ich nur wüsste, dass du deine Eicheln meinetwegen hättest fallen lassen."

___/6

2 a) In der Schule gab es in früheren Zeiten unheimlich viele Hausaufgaben.
Unheimlich viele Hausaufgaben gab es in früheren Zeiten in der Schule.
Es gab in früheren Zeiten unheimlich viele Hausaufgaben in der Schule.

b) Gestern Mittag stürzte Mirko mit seinem neuen Fahrrad auf den Bürgersteig.
Mit seinem neuen Fahrrad stürzte gestern Mittag Mirko auf den Bürgersteig.
Auf den Bürgersteig stürzte Mirko mit seinem neuen Fahrrad gestern Mittag.

___/6

3 **Die junge Schwalbe** (nach Lessing) Seite 56

„Was macht ihr da?", fragte eine junge Schwalbe die geschäftigen Ameisen.
„Wir sammeln Vorrat für den Winter", war die Antwort. „Das ist klug", sagte die Schwalbe, „Wäre das auch etwas für mich?"
„Sammle doch auch!", forderten sie die junge Schwalbe auf.
Und gleich fing sie an. Sie trug eine Menge toter Spinnen und Fliegen in ihr Nest.
„Aber wozu soll das gut sein?", fragte endlich ihre Mutter.
„Wozu? Das ist Vorrat für den bösen Winter, liebe Mutter. Willst du nicht auch sammeln? Die Ameisen haben mich diese Vorsicht gelehrt."
„Lass nur die Ameisen!", versetzte die Mutter. „Uns Schwalben hat die Natur ein schöneres Los bereitet. Pass auf! Wenn der reiche Sommer sich wendet, dann ziehen wir fort von hier." ___/21

4 Am Sonntag besuchte die Familie den Zoo. Vater wurde hinter dem Eingang kontrolliert. Nina kicherte, Mama ermahnte sie und Vater suchte seine Eintrittskarte. Er hatte seine Eintrittskarte in der Hand. Der Kontrolleur war zufrieden. ___/7

5 a) wessen; Genitivobjekt; b) wen? Akkusativobjekt; c) wem? Dativobjekt; d) wem? Dativobjekt; e) wohin? Präpositionalobjekt; f) Wer? Subjekt; wen? Akkusativobjekt; g) wem? Dativobjekt; Wen oder was? Akkusativobjekt. ___/14

6 **Der Löwe und die Maus** (nach La Fontaine) Seite 57

Gerade zwischen den Tatzen eines Löwen kam eine leichtsinnige Maus aus der Erde. Der König der Tiere aber zeigte sich wahrhaft königlich und schenkte ihr das Leben.
Diese Güte wurde ihm später von der Maus gelohnt.
Jäger hatten ein Netz aufgestellt. Sie wollten in dieser Falle den Löwen fangen. Eines Tages fing sich der Löwe tatsächlich in dem Netz. Er brüllte schrecklich in seinem Zorn - aber das Netz hielt ihn fest. Da kam unsere Maus herbeigelaufen. Sie erinnerte sich der Gnade, die der Löwe einst walten ließ, und zernagte einige Maschen. Der Löwe kam der Freiheit mit jeder zerbissenen Masche näher und bald konnte er das ganze Netz auseinander ziehen. So war es am Ende die Maus, die dem Löwen die Freiheit schenkte. ___/28

7 Nach einigen Verben wie **sein, bleiben, werden** steht neben dem Subjekt ein weiteres Satzglied im Nominativ. Er gehört direkt zum Subjekt, welches es ergänzt. Beispiele: *Cäsar war ein römischer Feldherr. Manuela wird eine gute Schülerin. Eric wird Sieger.* ___/5

8 Auf einem Baum saß ein Kuckuck. Gegenüber von ihm brütete ein Fink. Seit zwei Stunden rief der Kuckuck sein „Kuckuck". Das wurde dem Fink so langsam zu viel. Er flog zum Kuckuck und wollte ihn aus dem Revier scheuchen. Der Kuckuck aber flog nur weiter zum nächsten Baum und rief nun nur noch lauter. Der Fink wurde böse. Er zwitscherte heftig und setzte zum Sturzflug auf den Kuckuck an. Der aber hüpfte einfach auf den nächsten Ast. So ging das lange Zeit. Inzwischen hatten sich die beiden schon weit vom Nest entfernt. Diese Gelegenheit nutzte nun Frau Kuckuck. Sie legte dem Fink ihr Kuckucksei ins Nest. Als der Fink müde zurückkam, merkte er nichts und brütete weiter. Als dann später die Kücken geschlüpft waren und eines davon immer größer wurde, war es zu spät. Herr und Frau Fink fütterten das Kuckuckskind als ihr eigenes. Dies aber warf nach und nach alle Finkenkinder aus dem Nest.
a) Wo? Wohin? Woher? Wie weit? Adv. Best. des Ortes; b) Wann? Wie lange? Adv. Best. der Zeit; c) Wie? Auf welche Weise? Adv. Best. der Art und Weise. (Es gibt insgesamt 22 adv. Bestimmungen.) ___/5

109 bis 87 Punkte	86 bis 55 Punkte	unter 55 Punkte
sehr gut bis gut	befriedigend bis ausreichend	nicht mehr ausreichend

___/109

Anmerkungen:
Aufgabe 1: Für jeden richtig erkannten Haupt- und Nebensatz gibt es 0,5 Punkte.
Aufgabe 6: Für jede richtig erkannte Wortart gibt es 0,5 Punkte.
Aufgabe 7: Für die richtige Wiedergabe der Regel gibt es 2 Punkte, für jeden richtigen Beispielsatz einen Punkt.

Kapitel 4: Wortarten

Seite 58 1 **Text 1: Janas Kaninchen**

Jana besitzt drei Kaninchen. Das älteste heißt Willi, ist schwarz-weiß gescheckt und frisst am liebsten Möhren. Das zweite trägt den Namen Fridolin und hat ein hellbeiges Fell. Neben Fridolin wohnt Flecki. Er hat seinen Namen von den dunkelbraunen Flecken auf seinem weißen Fell. Einen Teil ihrer Freizeit braucht Jana schon für ihre Tiere. Jede Woche muss sie die Käfige reinigen und neues Streu verteilen. Täglich werden die Wasserbehälter kontrolliert und mit frischem Wasser gefüllt. Futter besorgt Jana im Sommer von der Wiese. Da sind es besonders die Blätter des Löwenzahns, die die Kaninchen mögen. Im Winter muss Jana Heu besorgen und auch mal ein wenig frisches Gemüse oder Salat. Körnerfutter mag besonders Flecki.

Seite 59 2

		Maskulinum	**Femininum**	**Neutrum**
Singular	Nominativ	der Sommer	die Woche	das Fell
	Genitiv	des Löwenzahns	der Freizeit	des Blattes
	Dativ	dem Winter	der Wiese	dem Fell
	Akkusativ	den Namen	die Wiese	das Fell
Plural	Nominativ	die Namen	die Wiesen	die Blätter
	Genitiv	der Flecken	der Möhren	der Blätter
	Dativ	den Flecken	den Wochen	den Kaninchen
	Akkusativ	die Käfige	die Möhren	die Kaninchen

Seite 60 3

Singular	**Plural**	**Pluralbildung**
der Vater	die Väter	a → ä: Umlaut
der Hut	die Hüte	u → ü: Umlaut, -e
das Kind	die Kinder	-er
der Baum	die Bäume	au → äu, -e
der Berg	die Berge	-e
das Bett	die Betten	-en
die Hütte	die Hütten	-n
das Schwein	die Schweine	-e
das Blatt	die Blätter	a → ä, -er
der Kamm	die Kämme	a → ä, -e
das Fenster	die Fenster	

Seite 61 4 Das Bild ist schön. **(Adjektiv)**
Die Aufgabe ist leicht. **(Adjektiv)**
Sie hat es schön gemalt. **(Adverb)**
Ich habe sie leicht gelöst. **(Adverb)**

Seite 62 5 groß / größer / am größten - gut / besser / am besten - böse / böser / am bösesten - wunderbar / wunderbarer / am wunderbarsten - mühsam / mühsamer / am mühsamsten - viel / mehr / am meisten - dumm / dümmer / am dümmsten - leicht / leichter / am leichtesten - stark / stärker / am stärksten

Seite 63 6 **Text 2: Simon zeigt Reue**

Als **kleiner** Junge hatte Simon **viel** übrig für das Raufen. Seine Lehrerin fand das besonders **schlimm** und versuchte immer wieder, ihm seine **grenzenlose** Lust am Raufen auszutreiben. Eines Tages, als Simon wieder einmal dabei war, sich vor der Schule mit einem **fremden** Jungen zu balgen, hörte man **plötzlich** ein **lautes** Scheppern. Beim **heftigen** Zuschlagen mit dem Schulranzen hatte Simon seine **neue** Butterbrotsdose **vollständig** zertrümmert. Da hielt ihm die Lehrerin eine **lange** Strafpredigt. Ihre **ernsten** Vorhaltungen wegen der **zerbrochenen** Dose machten keinen **besonderen** Eindruck, aber trotzdem wirkte Simon am Ende etwas zerknirscht. Auf die Frage, was denn nun das **schlimmste** Erlebnis bei dieser Keilerei gewesen sei, antwortete Simon: „**Schlimm** war, dass ich einige Schläge nicht richtig abgewehrt habe. **Schlimmer** war, dass meine Brotdose in die Brüche ging und so mein ganzes Taschengeld draufgeht. **Am schlimmsten** aber war, dass ich nicht **schnell** genug abgehauen bin und mich von Ihnen erwischen ließ!"

7 Ich ging gestern zum Sportplatz. Viele Kinder waren dort. Die Kinder spielten Fußball. Ich fragte: „Kann ich mitspielen?" Die Kinder kamen an den Rand und lachten. Ich wusste nicht, warum sie lachten. Ich fragte: Lacht ihr mich aus?" Die Kinder riefen: „ Nein! Wir lachen über die Schuhe!" „Ich habe Turnschuhe im Beutel", erklärte ich. Die Kinder sagten: „Gut, dann gibt es kein Problem!" Ich kam in die Mannschaft von Jo. Jo spielte richtig gut mit mir zusammen. Ich kann schnell rennen. Darum gab mir Jo eine gute Vorlage, ich sah nach dem Tor und schoss. „Tooor!", riefen alle. Die ganze Mannschaft gratulierte mir. Ich habe jetzt neue Freunde. **Seite 64**

8 gehen, ich ging, ich bin gegangen; stehen, ich stand, ich habe gestanden; finden, ich fand, ich habe gefunden; bitten, ich bat, ich habe gebeten; helfen, ich half, ich habe geholfen; frieren, ich fror, ich habe gefroren; schneiden, ich schnitt, ich habe geschnitten; vergessen, ich vergaß, ich habe vergessen; sitzen, ich saß, ich habe gesessen; wissen, ich wusste, ich habe gewusst; laufen, ich lief, ich bin gelaufen; verlieren, ich verlor, ich habe verloren; singen, ich sang, ich habe gesungen; trinken, ich trank, ich habe getrunken; fliegen, ich flog, ich bin geflogen **Seite 65**

9 **Gefunden (J. W. von Goethe)** **Seite 66**
(Ich) ging; (das) war; (ich) sah; (ich) wollte; (es) sagte; soll (ich); gebrochen; (ich) grub; (ich) trug; (ich) pflanzte; (es) zweigt; (es) blüht.

10 „Lasst **mich** auch mal hüpfen!" (…) „Lasst **sie** mal hüpfen!" **Seite 67**

11 Du kannst **mir** viel erzählen, das interessiert **mich** alles nicht!" „Aber **mir** würde es viel bedeuten, wenn du **mir** zuhören würdest!", antwortete Gero seinem Freund Simon. „Du hast **mich** einfach so lange warten lassen, ohne **mir** irgendeine Nachricht zukommen zu lassen", grollte Simon weiter. Gero versuchte, sich zu rechtfertigen: „Du kannst **mich** nicht dafür verantwortlich machen, dass **mir** mein Handy gestohlen wurde!" „Du hättest **mir** ja wenigstens eine Karte schicken können!", erwiderte Simon.

Training plus **Seite 68**

37 Maskulinum, Femininum, Neutrum
38 Nach dem Akkusativobjekt
39 Sie informieren über eine Tätigkeit, ein Geschehen oder einen Zustand.
40 *du gehst:* Informationen über die Person (*du*), die Zeit (Präsens) und die Tätigkeit (*gehen*)
41 Reihenfolge: Futur - Präsens - Präteritum - Plusquamperfekt
42 Sie informieren über Eigenschaften
43 Positiv, Komparativ, Superlativ
44 einzig, leer, tot
45 Deklination: Veränderung eines Wortes, entsprechend der Zahl (Numerus) und dem Fall (Kasus). Dekliniert werden Substantive, Adjektive, Artikel, Pronomen, Numeralia.
46 Blatt - Blätter (a → ä, -er); Fall - Fälle (a → ä, -e); Kind - Kinder (-er); Bett - Betten (-en)
47 Schwache Verben bilden das Präteritum mit Stamm + *-t-* + Endung (*er kauf-t-e*) und das Partizip Perfekt mit *ge-* + Stamm + *-t* (*ge-kauf-t*).
Starke Verben verändern im Präteritum den Stammvokal (*gehen - ging*) und bilden das Partizip Perfekt nach dem Muster *ge-* + Stamm (manchmal Vokalveränderung) + *-en* (*ge-komm-en*).

Abschlusstest **Seite 69**

1 a) der Baum, des Baumes, dem Baum, den Baum, die Bäume, der Bäume, den Bäumen, die Bäume; die Laus, der Laus, der Laus, die Laus, die Läuse, der Läuse, den Läusen, die Läuse; das Kalb, des Kalbes, dem Kalb, das Kalb, die Kälber, der Kälber, den Kälbern, die Kälber; der Zug, des Zuges, dem Zug, den Zug, die Züge, der Züge, den Zügen, die Züge; das Fenster, des Fensters, dem Fenster, das Fenster, die Fenster, der Fenster, den Fenstern, die Fenster.

b) ein grüner Baum, eines grünen Baumes, einem grünen Baum, einen grünen Baum; eine kleine Laus, einer kleinen Laus, einer kleinen Laus, eine kleine Laus; ein junges Kalb, eines jungen Kalbes, einem jungen Kalb, ein junges Kalb; ein leerer Zug, eines leeren Zuges, einem leeren Zug, einen leeren Zug; ein offenes Fenster, eines offenen Fensters, einem offenen Fenster, ein offenes Fenster. ___/30

2 du schwammst, ich bin geschwommen;
du schriebst, ich habe geschrieben;
du tratest, ich habe getreten (ihm ans Bein …) / in bin getreten (in eine Pfütze …);
du probiertest, ich habe probiert;
du grüßtest, ich habe gegrüßt;
du durftest, ich habe gedurft;
du ließest, ich habe gelassen;
du blättertest, ich habe geblättert;
du verlorst, ich habe verloren;
du öffnetest, ich habe geöffnet;
du saßest, ich habe gesessen;
du brietst; ich habe gebraten. ___/24

3 klein / kleiner / am kleinsten - viel / mehr / am meisten - gut / besser / am besten - einzig / - / - ___/8

4 In (Präposition) den (bestimmter Artikel) Ferien (Substantiv) habe (Verb) ich (Personalpronomen) drei (Numerale) Bücher (Substantiv) gelesen (Verb), denn (Konjunktion) es (Personalpronomen) hat (Verb) viel (Adjektiv) geregnet (Verb). ___/13

5 a) Mein Hund jagte heute bellend im Garten deine Katze.
Mein (Possessivpronomen) Hund (Substantiv) jagte (Verb) heute (Adverb) bellend (Verb) im (Präposition) Garten (Substantiv) deine (Possessivpronomen) Katze (Substantiv).

b) Unsere Nachbarn beschweren sich wegen des lauten Lärms.
Unsere (Possessivpronomen) Nachbarn (Substantiv) beschweren sich (reflexives Verb) wegen (Präposition) des (bestimmter Artikel) lauten (Adjektiv) Lärms (Substantiv). ___/18

93 bis 74 Punkte	73 bis 47 Punkte	unter 47 Punkte
sehr gut bis gut	befriedigend bis ausreichend	nicht mehr ausreichend

___/93

Anmerkungen:
Aufgabe 1: Für jede deklinierte Form gibt es 0,5 Punkte.
Aufgabe 2: Für jede Zeitform gibt es einen Punkt.
Aufgabe 5: Für jeden Satz gibt es einen Punkt, für jede richtig bestimmte Wortart ebenfalls.

Kapitel 5: Erzählen

Seite 70

1 a) Handlungsschritte:
1. Freddy wird vorgestellt.
2. Freddy flog aus dem Zimmer.
3. Der Erzähler versuchte ohne Erfolg, Freddy wieder einzufangen.
4. Der Erzähler ging traurig auf sein Zimmer.
5. Freddy kommt zurück.
6. Der Erzähler teilt den Trick mit, mit dem es gelang, den Wellensittich wieder zu fangen.

b) Neue Anordnung:
1. Freddy, der Wellensittich
2. Das Fenster wird geöffnet und übersehen.
3. Freddy wird freigelassen und fliegt aus dem Fenster.
4. Freddy lässt sich nicht fangen.
5. Der Erzähler hat eine Idee.
6. Der Trick wird ausgeführt.
7. Freddy ist wieder im Käfig.

2 Text 2 erzählt ausführlicher und anschaulicher. Er stellt die einzelnen Stationen der Verfolgung dar, der Trick wird ausführlich geschildert, man erfährt, was der Erzähler denkt und fühlt.

Seite 72

3 a) Die Abschnitte:
1. Freddy wird vorgestellt.
2. Der Erzähler hat viel zu tun.
3. Das Fenster wird geöffnet.
4. Freddys Käfig wird geöffnet.
5. Freddy fliegt aus dem Zimmer.
6. Freddy sitzt auf dem Baum vor dem Fenster, der Erzähler bekommt es mit der Angst zu tun.

7. Freddy lässt sich nicht einfangen.
8. Der Erzähler erinnert sich daran, wie die Rückkehr im Zimmer abläuft.
9. Der Erzähler hat eine Idee.
10. Die Idee wird ausgeführt: 1. Der Käfig mit dem Futter; 2. Freddy kommt näher; 3. Der Erzähler ruft; 4. Freddy kommt in den Käfig.
11. Änderungen in der Zukunft

3 b) Der Höhepunkt des Erzählten ist Freddys Rückkehr in den Käfig.
c) Der Erzähler erinnert sich daran, wie Freddy im Zimmer in den Käfig zurückkehrt und überträgt diese Erfahrung auf die jetzige Situation:
1. Besonders leckeres Futter wird ausgesucht.
2. Das Futter wird im Käfig befestigt.
3. Der Käfig wird auf die Fensterbank gestellt.
4. Freddy wird herbeigepfiffen.
5. Freddy geht zurück in den Käfig.
6. Der Erzähler schließt den Käfig.

4 a) Es muss dargestellt werden, dass der Erzähler/die Erzählerin am Abend im Liegestuhl auf der Terrasse lag und sich ausruhte.
b) Es darf nicht gesagt werden, dass es im Garten Igel gibt, die gelegentlich auf der Terrasse auftauchen.
c) Die Situation muss so geschildert werden, dass die Ruhe und die friedliche Stimmung besonders zum Ausdruck kommen, die durch das Rasseln und Pfeifen gestört werden.
d) möglicher Erzähleingang und Hauptteil: Ich lag an dem warmen Sommerabend friedlich auf unserer Terrasse und träumte vor mich hin. Es herrschte wunderbare Stille in unserem Garten. Der Mond war hinter einer dicken Wolke verborgen. Plötzlich hörte ich ein Geräusch am Ende des Gartens, dort, wo das Gebüsch beginnt. Das Geräusch wurde immer lauter, aber ich konnte nicht klar erkennen, aus welcher Richtung es genau kam. Auf einmal war Ruhe und ich dachte schon, ich hätte mich getäuscht, als es wieder zu hören war. Erst leise, dann immer lauter. Ein undefinierbares Keuchen und Prusten. Hatte sich da etwa jemand im Gebüsch versteckt? Oder hatte sich ein größeres Tier in unseren Garten verirrt? Ich wagte nicht, mich zu bewegen und saß zusammengekauert im Stuhl, so unheimlich war mir plötzlich. In der Dunkelheit sah ich nur Schatten. Ich konnte nichts Genaues erkennen. Plötzlich war das Rascheln ganz nah an der Terrasse unter einem Haselnussstrauch. Ich zuckte zusammen. Da schob sich der Mond hinter einer Wolke hervor, sein Schein fiel genau auf die Terrasse. Ich wagte, die Augen zu öffnen und war ganz erstaunt, dass mich aus drei Metern Entfernung zwei dunkle Knopfaugen neugierig anschauten. (...)

5 **Mein Erlebnis mit dem Nachtgespenst** Seite 73
Ich war schon früh zu Bett gegangen, weil ich vor dem Einschlafen noch ein wenig lesen wollte. Meine Tante hatte mir nämlich ein Buch mit richtig gruseligen Gespenstergeschichten geschenkt. Ich war gerade mitten in einer spannenden Geschichte, da huschte ein seltsamer Schatten über mein Buch, und gleich darauf machte es „ping". Mir stockte der Atem. Was war das? „Gespenster?", dachte ich. Doch nicht hier in meinem Zimmer! Kaum wollte ich weiterlesen, da war es wieder da: Ein Schatten huschte über das Buch und wieder machte es „ping". Jetzt lief es mir doch kalt über den Rücken. Es war wohl besser, das Buch wegzulegen und mich unter der Bettdecke zu verkriechen. Als ich dann die Lampe ausschalten wollte, kam ich dem Gespenst auf die Spur: Ein Nachtfalter schwirrte um die Birne meiner Nachttischlampe und stieß bisweilen an das Metallgehäuse.

6 a) (...) <u>Rico war plötzlich verschwunden.</u> <u>Ich hatte mit ihm im Garten gespielt, da rief mich meine Mutter zur Tür. Als ich zurückkam, war Rico weg.</u> <u>Ich suchte ihn lange ohne Erfolg.</u> (...) Ich war den Tränen nah, da hörte ich, <u>wie unser Nachbar ziemlich laut schimpfte über die Karnickel,</u> die ihm wieder seinen Salat wegfressen wollten. Ich lief schnell zum Zaun <u>und sah Rico</u>, der im Salatbeet von Herrn König saß. (...) Als man mir öffnete, <u>erklärte ich, dass es sich bei dem Kaninchen im Garten um meinen Rico handle, und bat um Entschuldigung.</u>

b) - d) Ich hatte im Garten gespielt, da rief mich meine Mutter zur Tür. Ich lief zu ihr, und als ich zurückkam, erschrak ich. Wo war Rico geblieben? „Rico!", rief ich, „Rico!" Nichts war von ihm zu sehen. „Rico komm her!", rief ich wieder. Ich sah mich um, kroch unter die Hecke, suchte im Gras, nirgends eine Spur von Rico. Nun kam auch meine Mutter dazu. „Rico ist weg!", rief ich aufgeregt. „Ich helfe dir suchen", antwortete sie. Wir machten uns beide auf die Suche. Wieder krochen wir unter die Hecken, nichts! Plötzlich erschraken wir. „Donnerwetter!", schimpfte unser Nachbar. „Verdammte Karnickel! Raus aus meinem Salat!" Ich zuckte zusammen. Karnickel? Das könnte Rico sein! Schnell lief ich rüber zu Herrn König und klingelte an der Tür. Kaum hatte er geöffnet, da erklärte ich ihm: „Wissen Sie, ich habe ein Kaninchen, das ist mir abgehauen." „Hör mir bloß auf mit Kaninchen!", erwiderte Herr König. „Die fressen mir den ganzen Salat ab!" „Aber mein Rico doch nicht! Der hat doch bei mir genug zu fressen!" „Na, und was sitzt bei mir im Salatbeet?", fragte Herr König. Kleinlaut erwiderte ich: „Vielleicht ist es ja doch … hoffentlich ist es mein Rico! Darf ich mal nachsehen?" Herr König ließ mich vorbei in seinen Garten. Natürlich war da der Ausreißer. Ich schloss ihn überglücklich in die Arme. „Da bist du ja, du Gauner!" „Na, siehst du!", sagte Herr König, „du musst etwas besser auf ihn achten." „Entschuldigen Sie vielmals, Herr König, es wird nicht mehr vorkommen. Ich werde besser auf Rico aufpassen!", versprach ich, ehe ich mit Rico im Arm nach Hause ging.

Seite 75

8 a) Der Hund muss an dem Tischtuch gezogen haben, sodass das Tuch verrutschte und der Teller mit dem Kuchen über den Rand des Tisches glitt.

b) Das Stück Kuchen, das neben dem Hund liegt, stand auf dem Tisch. Der Hund roch den Kuchen, wollte ihn haben, konnte ihn aber nicht erreichen. Darum zog er an dem Tuch.

c) Timmie langweilte sich. Keiner wollte mit ihm spielen oder Gassi gehen. Er lag träge in seinem Korb. Da zog ihm plötzlich ein leckerer Duft in die Nase. Auf dem Tisch stand ein Stück Kuchen. Bestimmt hatte Frauchen das auf den Tisch gestellt. Timmie schnupperte noch einmal, versuchte, sich aufzurichten, aber er war zu klein. Wie sollte er nur an den Kuchen kommen? Da kam Timmie eine gute Idee. Er zog am Tischtuch. Leider stand auf dem Tisch aber auch der Kuchenteller, der laut am Boden zerschellte. Timmi erschreckte sich für einen kurzen Moment, aber dann störten ihn die Scherben nicht weiter. Timmie hatte den Kuchen, und das war die Hauptsache. Bis Frauchen in das Wohnzimmer kam …

Seite 76

9 a) Auf dem ersten Bild sind zwei Männer zu sehen, die sich auf einem Radweg entgegenkommen. Ein Mann fährt freihändig. Vor ihm liegt ein Stein auf dem Weg. Auf dem zweiten Bild fahren die beiden Männer auf einem aus zwei Rädern zusammengebauten Tandem zufrieden weiter.

b) Möglicherweise hat einer der beiden nicht aufgepasst, ist auf die falsche Straßenseite gekommen und mit dem anderen zusammengeprallt. Oder aber einer ist gestürzt und hat den anderen dabei umgestoßen. Dabei wurde das Vorderrad eines Fahrrad so stark verbogen, dass der Mann nicht mehr mit dem Rad fahren konnte.

c) Zwischen dem ersten und dem zweiten Bild müssen sich die beiden geeinigt haben über das weitere Vorgehen. Wahrscheinlich haben sie erst einmal geschimpft und sich gegenseitig beschuldigt. Dann muss einer der Männer auf die rettende Idee mit dem Tandem gekommen sein. Einer (oder beide) hat (bzw. haben) dann das Tandem aus den beiden beschädigten Fahrrädern zusammengebaut.

10 **a) grün = Ergänzungen**

Text 8: Herr Jakob findet immer einen Weg

Einmal fuhr Herr Jakob mit seinem Fahrrad auf einem Feldweg entlang. Da begegnete er seinem Nachbarn Anton Müller, der auch mit dem Rad unterwegs war. **Herr Jakob, der sich einbildete, gut freihändig fahren zu können, wollte Herrn Müller nun stolz seine Fahrkunst zeigen. Aber, welch ein Pech, auf gleicher Höhe mit Herrn Müller rutschte Herr Jakobs Rad auf einem Stein ab und Herr Jakob fiel genau auf Herrn Müllers Vorderrad.**

Benommen saßen nun beide im Gras und besahen sich die Bescherung an. „Mein Rad, mein schönes Rad ist kaputt!", jammerte Herr Müller. „Tja, was machen wir denn nun?", meinte Jakob kleinlaut. Da wurde er wieder zuversichtlich. „Ich hab's, ich weiß einen Rat, aber dazu brauche ich Ihr Einverständnis." Herr Jakob, der ein besserer Bastler als Kunstradfahrer war, erklärte Herrn Müller seinen Plan. Herr Müller stimmte seufzend zu. Geschwind montierte Herr Jakob nun das verbogene Vorderrad ab und schraubte die Gabel an sein heil gebliebenes Rad. So entstand ein Tandem. **„Wunderbar!", freute sich Herr Müller, „nun können wir in Zukunft immer zusammen spazieren fahren!"**

b) Nicht berücksichtigt: die Gestik der Figuren; die Mimik hätte man noch deutlicher beschreiben können. Was haben die beiden mit dem Hinterrad gemacht?
c) Die Leser erfahren so von den Reaktionen der Personen und was sie einander sagen.

11 Mit weit ausgestreckten Armen und einem stolzen Lächeln fuhr Herr Jakob Herrn Müller mitten auf dem Radweg entgegen. „Schauen Sie mal, was ich kann!", rief Herr Jakob. Vergnügt und übers ganze Gesicht strahlend fuhren nun beide weiter. Seite 77

12 **Mein erster Fisch**
Es war schon lange mein sehnlichster Wunsch, einmal selbst angeln zu dürfen. Bisher durfte ich immer nur meinen Vater begleiten, wenn er am Samstagnachmittag seine Angel einpackte und zum Rhein fuhr. Am letzten Samstag aber wurde das anders. Vater hatte für mich eine Angelerlaubnis besorgt und eine schöne, leichte Gerte hergerichtet. Bald saßen wir an der Böschung des Altrheinarms, und ich wartete auf den ersten Biss. Es war sehr ruhig am Fluss, es bewegte sich nichts, mein Schwimmer lag ruhig im Wasser. Da! Kreisförmige kleine Wellen gingen von meinem Schwimmer aus und waren ein sicheres Zeichen dafür, dass sich ein Fisch für den Köder an meiner Angel interessierte. Die Wellen wurden kräftiger, der Schwimmer tanzte schon unruhig auf dem Wasser. Ich fasste die Angelrute fester. Es musste ein größerer Fang sein, der an meiner Angel hing, denn die Rute bog sich gewaltig durch und ich traute mich fast nicht, stärker zu ziehen. „O Gott, was mach ich bloß?", dachte ich. „Papa!", rief ich, „wie krieg ich den Brocken heraus?" „Du musst vorsichtig ziehen!", meinte mein Vater, der keinerlei Anstalten machte, mir zu helfen. „Nimm den Kescher!", riet er mir. Ich griff mit der linken Hand nach dem Kescher, während ich in der anderen die Angelrute hielt. „Gut so!", lobte Papa. „Und jetzt weiter ziehen, dann mit dem Kescher ..." Der hatte gut reden. Ich wollte fester zupacken, muss mich aber falsch gedreht haben, denn ich rutschte aus, ließ die Rute fallen und während ich ins Wasser flog, hörte ich Papa noch rufen: „Pass auf, da ist es rutschig!" Zu spät! Ich hörte nur noch, wie mein Vater unbändig lachte, ehe er aufstand und mich mitsamt Angel und Fisch an Land zog.

13 krächzte, antwortete, entgegnete, dachte sie bei sich, meinte sie, erwiderte, murmelte, machte, stöhnte Seite 78

14 freie Schülerlösung

15 a) 1. Die Polizei muss Herrn K. befreien. 2. Die Kinder von Herrn K. feiern im Garten Geburtstag. 3. Die Kinder binden Herrn K. beim Indianerspielen an den „Marterpfahl". 4. Die Kinder gehen zur Geburtstagstafel und lassen Herrn K. zurück. 5. Herr K. ruft um Hilfe. 6. Die Nachbarn alarmieren die Polizei. 7. Die Polizei befreit Herrn K. Seite 79
Neue Reihenfolge: 1. Die Kinder von Herrn K. feiern im Garten Geburtstag. 2. Die Kinder binden Herrn K. beim Indianerspielen an den „Marterpfahl". 3. Die Kinder gehen zur Geburtstagstafel und lassen Herrn K. zurück. 4. Herr K. ruft um Hilfe. 5. Die Nachbarn alarmieren die Polizei. 6. Die Polizei befreit Herrn K.
b) Großer Garten, Vater spielt mit, lässt sich an den Pfahl binden. Kinder binden sehr fest. Kinder werden gerufen. Papa schreit ihnen nach, Kinder ignorieren sein Rufen.
c) Herr K. hatte einen großen Garten. Wenn dann noch die Freunde zum Geburtstag eingeladen sind, bietet sich der Garten geradezu an als Spielplatz. So war es bei Herrn K. Seine Kinder feierten Geburtstag und tobten im Garten herum. Herr K. wollte mitspielen. „Wisst ihr was?", sagte er, „wir spielen Indianer." Die Kinder waren begeistert. „Ja, Indianer, die einen Weißen gefangen nehmen!" Der Weiße war natürlich Herr K. Herr K. spielte mit. Aber als es daran ging, ihn an den Marterpfahl zu binden, wurde ihm doch ein wenig mulmig. „Nun gut", dachte er, „was soll schon passieren?" So ließ er es zu, dass die Kinder mit der Wäscheleine um ihn und den Baum herumsprangen und ihn immer fester anbanden, sodass er sich kaum noch bewegen konnte. Anfangs spielte er noch die Schmerzen, dann aber wurde sein Jammern echter. Und mitten in das große Kriegsgeheul rief Frau K. zum Kaffeetisch. Alle Kinder stürmten davon, nur Herr K. blieb. Er war festgebunden und alles Rufen und Zappeln half ihm nichts. Man hörte ihn einfach nicht. Die Kinder ließen sich den Kuchen schmecken. Herrn K. vermisste niemand. Der schrie sich inzwischen im Garten die Lunge aus dem Leib. Wollte ihn denn keiner hören? Herr K. war schon ziemlich heiser vom Rufen und Schreien, als er in der Ferne die Polizeisirene hörte. Nachbarn hatten wohl Alarm geschlagen. Bald sah er, wie die Polizisten geduckt durch die Büsche schlichen, um das vermeintliche Verbrechen aufzuklären. Mit letzter Kraft krächzte

Herr K.: „Hierher! Hilfe! Hier bin ich! Binden Sie mich los, bitte!" Auch die Kinder waren inzwischen in den Garten gekommen und wollten wissen, was die Polizisten in ihrem Garten wollten. Sie konnten nur noch sehen, wie sie Herrn K. vom Marterpfahl befreiten. Der war froh, endlich frei zu sein. Zum Schimpfen reichte seine Stimme nicht mehr.

Seite 80

16 Neue Ordnung: 1. Im Operationssaal einer Klinik findet eine Operation statt. 2. Der Patient wird örtlich betäubt. 3. Eine Maus taucht auf. 4. Ärzte und Krankenschwestern jagen die Maus. 5. Der Patient gibt Hinweise auf das Verbleiben der Maus. 6. Panik und Chaos werden immer größer. 7. Der Chirurg stößt mit dem Kopf an die Lampe über dem Operationstisch. 8. Der Chirurg wird ohnmächtig.

17 möglicher Höhepunkt: Der ohnmächtige Chirurg fällt zu Boden und begräbt die Maus unter sich.

18 a) Sinnvoll ergänzt könnte werden: die Jagd; der Jagderfolg. (Die Maus wird gefangen; vielleicht als letzter Schritt: Der ohnmächtige Chirurg fällt zu Boden und begräbt die Maus unter sich.)
b) Einzelne Schritte der Jagd könnten ausgedehnt werden.
c) Die „Handlung" des Chirurgen hat nichts mit dem Handlungsziel zu tun.

Seite 81

19 Handlungsschritte:
1. Dominik beißt den Zahnarzt, der sich daraufhin weigert, Dominik weiter zu behandeln.
2. Dominik und sein großer Bruder sind allein zu Hause.
3. Dominik hat große Zahnschmerzen.
4. Dominik versucht, sich den Zahn selbst zu ziehen.
5. Dominik schreit vor Schmerzen.
6. Die Nachbarn alarmieren die Polizei.
7. Die Schreie hören auf.
8. Die Polizisten werden vom großen Bruder aufgeklärt.

20-21 freie Schülerlösung

Seite 82

22 wie ein störischer Esel; wie Rumpelstilzchen; puterrot; brüllte wie am Spieß; Sturm läuten; wie abgeschnitten; wie ein Honigkuchenpferd; wie eine Siegestrophäe

Seite 83

23 noch anschaulicher: öffnete sogar den Mund; ... fuhr er Dominik an; ... trotteten wir dann nach Hause; ... wimmerte; ... das Gebrüll wurde immer lauter; ... sofort in die Wohnung drängten ...

24 grasgrün, blutrot, bärenstark, kreidebleich, hundsgemein, rabenschwarz, strohdumm, blitzschnell, butterweich, federleicht, tonnenschwer.

25 klug wie eine Eule; fleißig wie eine Biene; klar wie Quellwasser; listig wie ein Fuchs; faul wie ein überreifer Apfel; stark wie ein Bär; kalt wie eine Hundeschnauze / ein Eis; heiß wie flüssige Lava; hoch wie ein Turm; hart wie Stahl/ein Stein/ein Knüppel; stur wie ein Esel; wütend wie ein Stier; schnell wie ein Wiesel; schlau wie ein Fuchs

Seite 85

Training plus

48 neue Figur, neuer Ort, neues Geschehen, neue Zeit (Morgen, Mittag ...)
49 durch Gestik und Mimik der abgebildeten Person
50 Man stellt dar, wie sich die Gefühle äußern (z. B. er zitterte vor Wut ...).
51 in der zeitlichen (chronologischen) Reihenfolge
52 Er muss auf das Erzählziel ausgerichtet sein und mit ihm zu tun haben.
53 Ein/e Ich-Erzähler/in erzählt, was er/sie erlebt hat. Die Verben stehen in der Ich-Form. Bei dieser Perspektive können die Leser besonders gut an den Erlebnissen der erzählenden Figur teilnehmen.
54 die Ausgangssituation (Ort, Zeit, beteiligte Personen / Figuren)
55 Sie können sich in die Lage gut hineinversetzen und z. B. eine Auseinandersetzung miterleben.
56 wenn jemand von einer anderen Person etwas wissen will; wenn zwei Personen sich beraten oder streiten
57 Redeeinleitungen können die Art und Weise des Sprechens erklären (sie flüsterte ...). Sie können darüber informieren, welche Aufgabe das Gesagte in der Unterhaltung hat (sie antwortete ...). Sie können das Gesagte deuten (... muckte er auf.)
58 Bilder und Vergleiche

Abschlusstest **Seite 86**

1 a) Bello wedelte mit dem Schwanz und sprang vor Freude an mir hoch.
b) Laura ließ die Schultern hängen und schaute zu Boden, so traurig war sie.
c) Lukas wandte sich ab und ging wortlos weg. Die Enttäuschung war ihm ins Gesicht geschrieben. __/6

2 Neuordnung: 1. Passant sieht einen Papierflieger. 2. Er liest den Text auf dem Papierflieger. 3. Passant ruft die Polizei. 4. Polizei will in Wohnung eindringen. 5. Frau Gerda S. verhindert die Aktion. 6. Frau S. klärt auf: zeigt ihren Sohn Tobias, der den Flieger losgelassen hat und erklärt, warum Tobias zu Hause bleiben musste. __/12

3 a) <u>So könnte der Polizist beginnen:</u> „Es war Nachmittag und wir wollten gerade mit unserer Runde beginnen, da kam der Alarm: Ein Kind werde in einer Wohnung festgehalten. Mehr wussten wir nicht. Aber es war klar, dass wir sofort mit Blaulicht und Sirene losfuhren. Vor dem Haus in der Beethovenstraße stand eine aufgeregt fuchtelnde Passantin. „Hier, Herr Wachtmeister, hier, diesen Zettel habe ich gefunden!" Dabei zeigte sie uns einen kleinen Papierflieger mit einer Nachricht: „Hilfe, ich werde hier in der Beethovenstr. 15 gegen meinen Willen festgehalten!" „Ein cleveres Kind!", dachten wir. Es musste ihm gelungen sein, diesen Flieger irgendwie aus dem Fenster zu werfen! Was tun? Wir forderten erst einmal Verstärkung an und machten uns daran, die Wohnung zu stürmen. In diesem Augenblick kam eine Frau ganz aufgeregt auf uns zugestürzt. „Halt! Halt! Was ist denn hier los?", wollte sie wissen. Wir zeigten ihr den Flieger. „Kennen Sie diese Schrift?" „O ja, das ist die Schrift meines Sohnes. Und was er da schreibt, sieht ihm mal wieder ähnlich. Der Gauner wollte keine Hausaufgaben machen, und deshalb sperrte ich ihn in die Wohnung ein. Er sollte arbeiten, anstatt ins Schwimmbad zu gehen!" Inzwischen sahen wir hoch zum Fenster. Da oben im zweiten Stock grinste uns ein kleiner Junge entgegen.
b) <u>Die Mutter könnte so erzählen:</u> „Also mein Tobias stellt jeden Tag etwas Neues an. Aber gestern hat er alles, was er sich bisher geleistet hat, in den Schatten gestellt. Stellt euch vor, der Stromer wollte keine Hausaufgaben machen und stattdessen mit seinen Freunden ins Schwimmbad. Dem habe ich einen Riegel vorgeschoben und ihn eingesperrt, während ich zum Einkaufen ging. Und da geschah es. Ich kam gerade vom Einkaufen zurück, da sehe ich vor unserem Haus einen Polizeiwagen stehen. Ich lief schnell näher und sah, wie eine Frau aus dem Nachbarhaus aufgeregt auf die Polizisten einredete. Sie hielt einen Zettel in der Hand, den sie den Beamten zeigte. „Was ist denn hier los?", fragte ich beunruhigt, als ich die Polizisten mit meinen schweren Einkaufstaschen endlich erreicht hatte. Sie zeigten mir einen auseinandergefalteten Zettel, aus dem mit krakeliger Handschrift stand: „Hilfe, ich werde hier in der Beethovenstr. 15 gegen meinen Willen festgehalten!"
Ich dachte, mich trifft der Schlag. Diese Handschrift war mir nur zu gut bekannt. Da hatte sich mein Sohn Tobias ja wieder etwas Tolles ausgedacht. Statt seine Hausaufgaben zu erledigen, hat er wieder einmal einen Streich ausgeheckt. Als ich ärgerlich hoch zum Fenster sah, schaute Tobias heraus und grinste breit.

4 Zum Beispiel: ängstlich wie ein Hase; mutig wie ein Löwe; fleißig wie eine Biene. __/36

5 Zum Beispiel: sprach, entgegnete, fuhr … fort, erwiderte, meinte, fürchtete, stellte … fest, bemerkte. __/6

6 a) Ein kleines Mädchen ist mit seinem Opa unterwegs; freies Feld, Wolken am Himmel. Das Mädchen zeigt seinem Opa einen Jungen, der auf der Wiese spielt. Er trägt eine Feder in den Haaren und schießt mit einem Flitzebogen einen Pfeil ab. __/8

Seite 87

Auf dem zweiten Bild trägt der Opa das kleine Mädchen auf dem Arm. Dieses hat seinen Hosenträger gespannt und schießt mit ihm einen Pfeil ab. Der Junge mit der Feder im Haar schaut staunend zu. Der Opa strahlt übers ganze Gesicht als wolle er sagen: „Wie hab ich das gemacht?" (Für jeden Satz gibt es einen Punkt.)
b) Fragen: Wie stehen Opa und Maxi zueinander? Was sagt Maxi zu ihrem Opa, während sie auf den spielenden Jungen zeigt? Was sagt der Opa? Was denkt der Opa? Wie kommt er auf die Idee mit dem Hosenträger? Was sagt oder denkt das Mädchen, nachdem sie auch Pfeile abschießen kann? (Mindestens vier Fragen werden erwartet. Für jede gibt es einen Punkt.)
c) Die Handlungsschritte: 1. Opa und Maxi gehen spazieren. 2. Maxi sieht einen fremden Jungen, der mit einem Flitzebogen spielt. 3. Maxi möchte auch Pfeile abschießen. 4. Der Opa hat keinen

Flitzebogen. 5. Der Opa kommt auf die Idee mit den Hosenträgern. 6. Der Opa schneidet im Gebüsch einen Pfeil. 7. Er nimmt Maxi auf den Arm. 8. Maxi spannt den Hosenträger und schießt den Pfeil ab. 9. Der fremde Junge staunt, Maxi ist mit ihrem Opa wieder mal zufrieden. (Mindestens sechs Handlungsschritte werden erwartet.)

d) Innere Vorgänge werden wichtig, als der Großvater überlegt, wie er das Problem mit dem fehlenden Flitzebogen lösen könnte. (zwei Punkte)

e) Zwei Dialoge werden wichtig: Einmal, als Maxi den fremden Jungen sieht, den Großvater auf ihn aufmerksam macht und ihren Wunsch nach einem Flitzebogen äußert. Ein zweiter Dialog könnte eingesetzt werden, als der Opa Maxi auf den Arm nimmt und ihr erklärt, wie sie nun schießen kann. (Für jeden inneren Dialog gibt es zwei Punkte.)

___/24

92 bis 78 Punkte	77 bis 46 Punkte	unter 46 Punkte
sehr gut bis gut	befriedigend bis ausreichend	nicht mehr ausreichend

___/92

Anmerkungen:
Aufgabe 3: Für jede Geschichte gibt es maximal 18 Punkte.

Kapitel 6: Berichten und beschreiben

Seite 88

1 a) Bericht zu einem Vorhaben b) Erlebnisbericht c) Ereignisbericht d) Unfallbericht

2 mögliche Beispiele: Ferien auf dem Bauernhof (Urlaubsbericht); Stauchaos vor dem Elbtunnel (Unfallbericht); Ein Geburtstag voller Überraschungen (Erlebnisbericht)

Seite 89

3 a) Schluss b) Überschrift c) Hauptteil d) Einleitung

Seite 90

4 a) Keine Berichtsprache! Hier wird wie in einem Märchen erzählt
b) Sachliche Berichtsprache.
c) Keine Berichtsprache! Hier wird eine eigene Meinung geäußert.
d) Keine Berichtssprache! Hier wird Spannung aufgebaut.
e) Sachliche Berichtsprache.

Seite 91

5 **Abi-Diebe erfolgreich gefasst**
Nach einer zunächst ziellosen Suche war die örtliche Polizei nun erfolgreich. (…) **(Bereits) Vor** der gestrigen Festnahme war es zu kleinen schrittweisen Erfolgen gekommen. **Bevor** die Polizei allerdings den entscheidenden Hinweis bekam, konnte sie keinen Täter fassen. Entlarvt wurde die Bande **nach** dem Unfall eines der Täter mit einem Fahrrad. **Nach** dem Einbruch hatte sich der Betrunkene mit seinem Fahrrad überschlagen. Die mitgeführten Abiturdokumente fielen **dabei / in diesem Moment** aus seiner Fahrradtasche. Augenzeugen berichteten **sofort / schließlich** von dem Vorfall, sodass die Polizei **dann** nur noch zugreifen musste. Es habe sich bei dem Einbruch um einen übermütigen Scherz gehandelt, beteuerte der Gefasste **anschließend / danach**.

Seite 92

6 a) Seitentaschen: auf beiden Seiten der Haupttasche, orange mit silbernen Streifen, mit blauem Reißverschluss oben, länglich
Mäppchentasche: orange mit silbernen Streifen, mit gelbem Reflektor-Punkt in der Mitte
Deckel: rot, mit Feuerwehr-Sticker (mit rotem Feuerwehrauto und einem Feuerwehrmann in blauer Schutzkleidung), mit rotem Tragegriff oben auf dem Deckel
b) und c) freie Schülerlösung

Seite 93

7 a) Keine sachliche Beschreibung. Die persönliche Meinung/Bewertung wird geäußert. Besser: Die Schultasche sieht mit ihren Farben und Bildmotiven ansprechend aus.
b) Keine präzisen Begriffe, umgangssprachlich! Besser: Auf der Oberseite des Taschendeckels befindet sich ein roter Tragegriff.
c) Zu allgemein und ungenau! Beschreibende Adjektive fehlen. Besser: Die Schultasche besteht aus orangem, wasserabweisendem Stoff.
d) Meinungsäußerung / Bewertung! Besser: Die Grundfarbe der Schultasche ist orange. Sie ist am Deckel mit zwei Feuerwehrbildern und an den Seiten bzw. an der Mäppchentasche mit zwei silbernen Streifen und einem gelben Reflektor verziert.

8 Bei dem Gegenstand handelt es sich um eine einfache, auf dem Rücken zu tragende Schultasche für Schüler der Klassen 5 bis 7. (weitere Sätze siehe Lösungen zu Aufgabe 7)

Training plus Seite 94

59 **Ein Unfallbericht** berichtet von **dem Hergang eines Unfalls.**
60 **Ein Erlebnisbericht** berichtet von **besonderen persönlichen Erlebnissen.**
61 **Ein Ereignisbericht** berichtet von **besonderen Ereignissen von allgemeinem Interesse.**
62 Aufbau eines Berichts: Überschrift, Einleitung, Hauptteil, Schluss.
63 Man muss beachten, was jeweils **vorher** passierte, was **gleichzeitig** passiert und was **im weiteren Verlauf** passieren wird.
64 Passt zur Beschreibung.
65 Passt zur Beschreibung.
66 Passt zum Bericht und zur Beschreibung.
67 Passt zum Bericht.
68 Passt zum Bericht und zur Beschreibung.
69 Beide Textsorten müssen sich um Präzision und Sachlichkeit bemühen.
70 Eigene Meinungen und Bewertungen gehören nicht in Berichte und nicht in Beschreibungen.
71 Beschreibungen stehen in der Gegenwart (im Präsens).

Abschlusstest Seite 95

1 **Unfall am Zebrastreifen**

Also die ganze Sache (**ungenaue Beschreibung des Geschehens**) passierte so rund vor einer Stunde, vielleicht auch vor einer halben (**ungenaue Zeitangabe**). Ich weiß es nicht so genau. Die alte Frau wollte gerade über den Zebrastreifen gehen, da hört man auch schon, wie der Max mit seiner Kiste angefahren kommt. Ich sag schon seit Jahren, dass das Motorrad nichts taugt. Der Motor ist einfach nicht richtig abgestimmt. Und allein schon die Farbe von dem Ding … (**eigene Meinung wird geäußert**). Na ja, schnell kann der damit sowieso nicht fahren. Der kam auch ganz langsam angekrochen. Ich sag mal, wenn man nicht genau hingeschaut hätte, hätte man gedacht, der bewegt sich gar nicht (**eigene Meinung und Unwahrheit werden geäußert**). Die Frau war auch noch gar nicht in Reichweite des Zebrastreifens. Max ist dann ganz normal weitergefahren - da war ja niemand. Der hat auch noch genau hingeschaut und sich auf die Straße konzentriert. Und dann rannte die los und lies sich fallen (**Unwahrheit wird gesagt**). Bevor das passiert ist (**zeitliche Reihenfolge der Ereignisse wird nicht berücksichtigt**), hat der Max mir auch noch zugewinkt. Ich kann mir vorstellen, dass die Frau auch noch über die Motorradfahrer geschimpft hat, die sah schon so aus … (**eigene Meinung/Vermutungen werden geäußert**) __/14

2 Der korrekte Bericht könnte folgendermaßen lauten:

Unfall am Zebrastreifen

Heute Mittag kam es in der Innenstadt **in der Schulstraße** zu einem Unfall mit einer **leicht verletzten Person am Zebrastreifen**. Auf dem Weg in die Innenstadt wollte **Katharina G.**, eine **ältere Frau, den Zebrastreifen überqueren**. Bevor sie die andere Straßenseite erreicht hatte, **kreuzte ein Motorrad ihren Weg**. Die Frau erschreckte sich und **stürzte zu Boden**, wobei sie sich **leichte Verletzungen** zuzog. Die herbeigerufene Polizei konnte den **Motorradfahrer Max H. vernehmen** und fand heraus, dass er **abgelenkt** war und die **Frau auf dem Zebrastreifen übersehen** hatte. Der Motorradfahrer muss mit Konsequenzen rechnen. Der Frau geht es schon wieder besser. __/24

3 mögliche Lösung: Beschrieben wird ein Straßenmotorrad mit Rennverkleidung. **Die Grundfarbe des Motorrades ist blau**, **auf den Seitenspoilern** sind jeweils **zwei gelbe Blitze** abgebildet. Die **Verkleidung** unterhalb des sichtbaren Motorblocks trägt - **in weißen Großbuchstaben** - die **Aufschrift „Flash"**. Der **Sattel** des Motorrades ist **grau**, die **Spiegel** und die **Felgen** haben die übliche **Chrom-Farbe**. Das Motorrad hat **zwei Rückspiegel**, es hat keine Windschutzscheibe. Außerdem hat das Fahrzeug eine **runde Vorderlampe**.

Tipp: Lies deine fertige Beschreibung noch einmal und überarbeite sie selbst aufgrund der Tipps und Kriterien in diesem Kapitel. (Es gibt 14 Punkte für die Merkmale, vier weitere für den korrekten Aufbau.) __/18

__/56

56 bis 45 Punkte	44 bis 28 Punkte	unter 28 Punkte
sehr gut bis gut	befriedigend bis ausreichend	nicht mehr ausreichend

Anmerkungen:
Aufgabe 1: Für jede richtig unterstrichene Textpassage gibt es einen Punkt, ebenso für die Nennung des jeweiligen Fehlers (im Text oben grün markiert).
Aufgabe 2: Die Informationen, die im Bericht vorkommen müssen, sind grün markiert. Für jede dieser Informationen gibt es zwei Punkte.
Aufgabe 3: Die zu nennenden Merkmale sind oben im Text grün hervorgehoben. Für jedes Merkmal gibt es zwei Punkte. Außerdem gibt es 2 Punkte für die richtige Gliederung des Berichts vom Allgemeinen (Farbe blau) zum Detail (z.B. Spiegel oder Scheinwerfer). 2 Punkte gibt es für die sachliche Darstellung ohne Wertungen.

Kapitel 7: Texte bearbeiten

Seite 96

1 **Einleitung**
Zeile 1-4: Astrid Lindgren gehört zu den bekannteste und beliebtesten Kinderbuchautorinnen der Welt. (...) Doch wer war diese Frau, die vielen Kindern heute so vertraut ist?

Hauptteil
Zeile 4-12: Geboren wurde die Schriftstellerin am 14. November 1907 in Småland in Schweden, wo sie zusammen mit ihren drei Geschwistern eine glückliche Kindheit verbrachte. (...) Schließlich wurde es aber doch zu dem wohl bekanntesten Werk der Schwedin.

Schluss
Zeile 13-15: Astrid Lindgren, die im Jahr 2002 starb, erhielt zahlreiche Jugendbuchpreise und wird sicherlich noch lange zu den beliebtesten Schriftstellerinnen für Kinder gehören.

Seite 97

2 ☒ Die Einleitung des Textes stellt Fragen, sodass das Interesse des Lesers am weiteren Text geweckt wird.
☒ Die Einleitung des Textes nennt das Thema des Textes.
☒ Der Hauptteil des Textes orientiert sich an der zeitlichen Reihenfolge der Ereignisse.
☒ Der Schluss des Textes gibt einen Ausblick in die Zukunft.

3 a) = **S**chluss, b) = **E**inleitung, c) = **H**auptteil, d) = **E**inleitung oder **H**auptteil

Seite 98/99

4 a) Zu einer auffälligen Veränderung des Gegenstandes oder Ereignisse kommt es in den Abschnitten **(1), 2, 3, 4**.
b) Von einem neuen Gegenstand oder Ereignis wird in den Abschnitten **(1), 2** berichtet.
c) Von Personen, die vorher nicht erwähnt waren, wird berichtet in den Abschnitten **(1),2**.
d) Auf einen neuen Ort blicken die Abschnitte **(1), 3**.
e) Aus einem neuen Blickwinkel werden die Ereignisse in den Abschnitten **2, 5** betrachtet.

Seite 99

5 **Einleitung**
Zeile 1-3: „Wir Kinder aus Bullerbü" ist eine Kinderbuchreihe der schwedischen Autorin Astrid Lindgren. (...) wird das Leben in Bullerbü beschrieben.

Hauptteil
Zeile 3-13: Das Dorf besteht in den Erzählungen aus nur drei Höfen, (...) die Schwestern Britta und Inga leben auf dem Nordhof, Ole und Kerstin auf dem Südhof.

Die Autorin Astrid Lindgren beschreibt jedoch nicht nur ein kleines Dorf mit seinem ganz speziellen Charme, sondern sie schafft eine perfekte Kinderwelt. (...) in der die Kinder geschützt leben und ihren eigenen Ideen nachgehen können.

Als Vorlage für das literarische Dorf Bullerbü nutzte Astrid Lindgren ihren eigenen Geburts- und Heimatort Sevedstorp. Hier stehen noch heute die drei Häuser, die das Urbild für die drei Höfe abgegeben haben.

Schluss
Zeile 13 - 14: Die Bullerbü-Bücher (...) finden Leser in vielen Ländern.

6 Seite 100

Der auffällige Onkel Einar tritt auf und wirkt auf Kalle und seine Freunde verdächtig.	2
~~Dem Meisterdetektiv gelingt es, Onkel Einar während des Schlafs ein Haar auszureißen, welches er aus Beweisgründen benötigt.~~	Falsch: Er reißt ihm kein Haar aus.
Kalle Blomquist, Eva Lotta und Anders sind Freunde, die in Kleinköping leben und dort auf Abwechslung warten.	1
Nachdem Kalle seinen Plan tatsächlich ausführen konnte, weckt er den Onkel durch ein Missgeschick auf.	4
~~Aufgrund seines Aussehenes wirkt Onkel Einar auf die Freunde sehr verdächtig.~~	Falsch: Sein Aussehen ist nicht verdächtig.

7 Die Einleitung informiert Seite 101
☒ ... darüber, dass auf der Hannover Messe 2008 drei ausgezeichnete Arbeiten der Initiative „Jugend forscht" vorgestellt werden.

8 Der zweite Abschnitt informiert darüber, dass unter anderem **ein Roboter/ein zweibeiniger Roboter** vorgestellt wird, der **auf zwei Beinen gehen kann/der gehen kann**. Konstruiert wurde er von **Kristin V.** Er besitzt die menschliche Fähigkeit des **Lernens** und kann das **Gleichgewicht** halten.

9 c) Niclas M. und Philipp J. aus Kassel stellen einen Metallantrieb für ein Unterwasserboot vor, der mit einem verformbaren Gedächtnismetall arbeitet. Das Metall arbeitet wie ein Muskel und ahmt die Flossenbewegung eines Fisches nach. Seite 102

d) Die Geschäftsführerin der Stiftung Jugend forscht e.V. berichtet von dem aktuellen Wettbewerb in Bremerhaven und lobt die Beiträge der Jugendlichen.

10 **<u>Die</u>** deutsche Jugendfeuerwehr **<u>wurde</u>** am 31. Oktober 1964 in Berlin gegründet. Seite 103
Bereits Jahrzehnte vor der offiziellen Gründung gab es in Deutschland vereinzelt Jugendfeuerwehren und Jugendfeuerwehrverbände.
Die Zahl der Jugendfeuerwehren in Deutschland ist von 13.925 im Jahr 1966 auf heute fast 18.000 kontinuierlich angestiegen.
Auf Grundlage des Bildungsprogramms der Deutschen Jugendfeuerwehr stellen sich die Jugendfeuerwehrwartinnen und Jugendfeuerwehrwarte der Aufgabe, mit Heranwachsenden allgemeine Jugendarbeit **<u>zu</u>** praktizieren und sie feuerwehrtechnisch auszubilden.

11 a) Schlüsselwörter: **<u>Betätigungsfeld</u>**, **<u>viele Bereiche</u>** Seite 104
b) Schlüsselwörter: **<u>Jugendfeuerwehrarbeit</u>**, **<u>Interessen und Bedürfnissen ihrer Mitglieder</u>**
c) Schlüsselwörter: **<u>lohnt</u>**, **<u>Verantwortung zu übernehmen</u>**, **<u>unentgeltlich helfen</u>**

12 b) Zusammenfassung: Eintrittsalter im Durchschnitt: 10 Jahre
c) Zusammenfassung: Übernahmezeitpunkt Erwachsenenfeuerwehr gesetzlich geregelt
d) Zusammenfassung: Aktiv derzeit: über 260.000 Jugendliche

13 a) Frage: **Wo fand das erste Euro-Mediterrane Jugendparlament statt?** Antwort: In Berlin Seite 105/106
b) Frage: **Wann fand das erste Euro-Mediterrane Jugendparlament statt?** Antwort: Zwischen dem 26. Mai und dem 3. Juni
c) Frage: **Wer nahm an dem Treffen teil?** Antwort: 102 Jugendliche
d) Frage: **Was machten die Jugendlichen bei dem Treffen?** Antwort: Sie diskutierten aktuelle Themen und fassten Beschlüsse.

14 1. Frage: Wer „handelt" in diesem Text bzw. um wen geht es? Seite 106
Antwort: **Es geht um die Teilnehmer des Jugendparlaments.**

2. Frage: **Was erlebten die Jugendlichen neben der politischen Arbeit?**
Antwort: **Sie erlebten ein vielfältiges Kultur- und Unterhaltungsprogramm.**

3. Frage: **Welches Ziel hatte dieses Programm?**
Antwort: **Es sollte zu einem privaten Gedankenaustausch kommen.**

4. Frage: **Was wurde angeboten?**
Antwort: **Sport- und Spielveranstaltungen sowie ein Konzert wurden angeboten.**

Seite 107

15 mediterran: Bezieht sich auf die Staaten, die ans Mittelmeer angrenzen.
Resolution: Beschlüsse, die noch unverbindlich sind und als Vorschläge dienen.

16 mediterran: mit dem Mittelmeer zusammenhängend
Resolution: Beschluss, Entschließung
Nachhaltigkeit: langfristige Wirksamkeit, Beständigkeit und Tauglichkeit in der Zukunft
Anrainerstaaten: Staaten, die an ein Gebiet (hier: den Mittelmeerraum) direkt angrenzen

Seite 108

Training plus

72 Einleitung: Gibt eine interessante Einführung in das Thema und weckt Interesse.
73 Hauptteil: Vermittelt die Informationen, um die es in dem Text geht.
74 Schluss: Rundet den Text ab, fasst zusammen oder blickt in die Zukunft.
75 Anzeichen für einen neuen Abschnitt: Eine auffällige Veränderung des Gegenstandes oder Ereignisses wird beschrieben. Von einem neuen Gegenstand oder Ereignis wird berichtet. Neue Personen kommen hinzu. Das Geschehen spielt an einem anderen Ort. Das Geschehen wird von einem neuen Blickwinkel aus betrachtet.
76 **W**as passiert **w**em, **w**ann, **w**o, **w**eshalb und mit **w**elchem Ergebnis?
77 Schlüsselwörter tragen wichtige Informationen und helfen dabei, den Textinhalt zu entschlüsseln.
78 Aus dem Textzusammenhang erklären
79 Aus dem Satzzusammenhang erklären
80 Im Lexikon nachschlagen
81 dominant: vorherrschend, wichtig, im Vordergrund stehend; sozial: auf eine Gesellschaft oder Gemeinschaft bezogen; Kompetenzen: Fähigkeiten, Können.

Seite 109

Abschlusstest

1 Amateur: Anfänger, Nachwuchs (in Bezug auf eine bestimmte Fähigkeit). Wortart: Substantiv
effizient: mit guten Ergebnissen in Bezug auf den Aufwand. Wortart: Adjektiv
Motivation: Antrieb, Lust, sich für etwas einzusetzen. Wortart: Substantiv
Stipendium: Finanzielle Unterstützung für eine bestimmte Tätigkeit während eines bestimmten Zeitraums. Wortart: Substantiv
___/8

Seite 110

2 ☒ … Der Text informiert über die Situation, die Geschichte, die Absicht und die Inhalte der Initiative „Jugend musiziert".
___/4

3 a) … richtet sich an Amateure, **die privaten Musikunterricht erhalten**.
b) … Musiker, **die Musik studiert haben**.
c) … darum, **Nachwuchs für die Orchester zu finden**.
d) … eher **um den Team-Gedanken**.
e) … bietet der Wettbewerb **Förderungen und Stipendien**.
___/10

4 ☒ … Der 2. Abschnitt informiert über die Teilnehmerzahlen und die Teilnahmebedingungen.
___/4

5 Schlüsselwörter: Seitdem hat sich die Orchesterlandschaft stark verändert, und bei „Jugend musiziert" steht nicht mehr die gezielte Suche nach Orchesternachwuchs im Vordergrund, sondern der Team-Gedanke: miteinander zu musizieren, gemeinsam ein Werk der Musikliteratur zu erarbeiten und es vor Publikum zur Aufführung zu bringen.

Zusammenfassung: Der 4. Abschnitt beschreibt die veränderten Ziele des Wettbewerbs, der heute weniger auf die Nachwuchsförderung als auf den Team-Gedanken blickt.
___/8

34 bis 27 Punkte	26 bis 16 Punkte	unter 16 Punkte
sehr gut bis gut	befriedigend bis ausreichend	nicht mehr ausreichend

___/34

Anmerkungen:
Aufgabe 2: Für die richtige Auswahl gibt es vier Punkte.
Aufgabe 4: Für die richtige Auswahl gibt es vier Punkte

Training plus zum Schluss

Seite 111

82 Am Anfang von Sätzen, Überschriften und der wörtlichen Rede wird großgeschrieben. Substantive (Nomen), Substantivierungen und Namen werden großgeschrieben.

83 Das stimmlose s (auch hartes s oder gezischtes s) wird ss oder ß geschrieben. Das stimmhafte s (auch weiches s oder gesummtes s) wird s geschrieben.

84 ß wird als stimmloses s nach langen Vokalen oder Diphthongen (Doppellauten) geschrieben (z.B. draußen, saßen).

85 Jeder Teil der wörtlichen Rede wird in Anführungszeichen gesetzt, die Redeerklärung wird durch Komma abgegrenzt. Beispiel: „Ist denn niemand da", rief Mario, „der mir helfen kann?"

86 Die Verschiebeprobe oder Umstellprobe.

87 Man spricht von einer Prädikatsklammer, wenn bei einem mehrteiligen Prädikat die Personalform des Verbs an zweiter (bzw. erster) Satzgliedstelle steht und der Rest des Prädikats am Satzende.

88 Ein Satzgefüge besteht aus einem Haupt- und einem Nebensatz. Der Nebensatz wird durch Komma abgetrennt. Beispiel: Ich weiß, dass er nicht da ist.

89 Ein Präpositionalobjekt ist eine Ergänzung im Satz, die mit einer Präposition eingeleitet wird. Fragen kann man nach ihr z.B. mit Woran? Wofür? Wozu? Wogegen?

90 Adjektive können die Aufgabe eines Attributs oder einer adverbialen Bestimmung haben.

91 Als Attribute richten sich Adjektive in ihrer Form nach dem Bezugswort, als adverbiale Bestimmungen bleiben sie unverändert. Seite 112

92 Bei schwachen Verben bleibt der Stammvokal in den Vergangenheitsformen gleich (machen - machte - gemacht). Bei starken Verben ändert er sich (finden - fand - gefunden).

93 Ich-Perspektive.

94 Ein Handlungsschritt ist dann nicht überflüssig, wenn er auf das Handlungsziel hinführt.

95 Eine Redeeinleitung kann: 1. die Aufgabe des Redebeitrags erläutern (antwortete er); 2. die Art und Weise des Sprechens bezeichnen (flüsterte sie) und 3. den Inhalt des Redebeitrags zusammenfassen (widersprach er …).

96 Merkmale von Bericht und Beschreibung sind: Sachlichkeit, Verzicht auf eigene Meinung, Verwendung von Fachbegriffen, Verwendung präziser Adjektive.

97 ~~Spannender Höhepunkt~~ - Einleitung - ~~Beispiel~~ - Schluss - Hauptteil - Beweis - Überschrift - Absender

98 Kennzeichen eines neuen Sinnabschnitts: Eine auffällige Veränderung des Gegenstandes oder Ereignisses. Von einem neuen Gegenstand oder Ereignis wird berichtet. Neue Personen kommen hinzu. Die Handlung spielt an einem anderen Ort. Das Geschehen wird aus einer anderen Perspektive betrachtet.

99 Schlüsselwörter

Glossar

Adjektiv
Eigenschaftswort, Wiewort. Gibt Auskunft darüber, wie etwas ist. Steht vor → Nomen oder im Zusammenhang mit dem → Verb *sein*. Beispiel: *schön, groß, gelb.*

Adverb
Umstandswort. Gibt an, wie man etwas tut. Beispiel: *Er schimpft laut.*

Adverbiale Bestimmung
Umstandsbestimmung. Gibt an, wie, wo, wie oft oder zu welcher Zeit man etwas tut. Beispiel: *hier, morgens, deshalb, mit Bedacht.*

Adverbialsatz
→ Nebensatz, der einen Umstand angibt, z.B. Zeit, Ursache. Beispiel: …, *weil es spät ist.*

Akkusativobjekt
Satzergänzung im Wen-Fall (4. Fall). Beispiel: *Er mag den Käse.*

Aktiv
Wenn das Subjekt des Satzes handelt, steht das Verb in der Handlungsform des Verbs. Gegensatz zum → Passiv. Beispiel: *„Er fährt"* statt *„Er wird gefahren"*.

Artikel, bestimmter
Begleiter (der, die und das). Verweist auf eine näher bestimmte Person oder Sache.

Artikel, unbestimmter
Begleiter (ein, eine, ein). Beschreibt eine nicht näher bestimmte Person oder Sache.

Attribut
Nähere Bestimmung eines → Nomens, → Adjektivs oder → Adverbs. Beispiel: *die Straße hinter dem Haus, der Hausmeister der Schule, sehr witzig.*

Bericht
Sachliche, präzise Darstellung eines Sachverhalts ohne Ausschmückungen und Wertungen, z.B. Unfallbericht, Ereignisbericht.

Beschreibung
Sachliche, ausführliche Darstellung eines Gegenstandes oder einer Person ohne persönliche Stellungnahme.

Dativobjekt
Satzergänzung im Wem-Fall (3. Fall). Beispiel: *Ich gab ihm die Hand.*

Deklinieren
Beugung von → Nomen, → Pronomen, → Adjektiven, → Artikeln. Beispiel: *der Baum, des Baumes, dem Baum, den Baum.*

Diphthong
Doppellaut, zum Beispiel *ei, eu, au.*

Finite Verbformen
Verbformen, die sich je nach Person und Zahl verändern; Gegensatz zu → infiniten Verbformen. Beispiel: *ich lief, du liefst, sie liefen.*

Flektieren
Ein Wort beugen, d.h. → konjugieren oder → deklinieren.

Genitivobjekt
Satzergänzung im Wessen-Fall (2. Fall). Beispiel: *Es bedarf Ihrer Hilfe.*

Geschlecht, grammatisch
Ein Nomen kann männlich (Maskulinum), weiblich (Femininum) oder sächlich (Neutrum) sein. Das grammatische Geschlecht kann sich vom biologischen Geschlecht unterscheiden. Beispiel: *das Mädchen.*

Hauptsatz
Selbstständiger Satz, der alleine stehen kann. Beispiel: *Ich gehe nach Hause.*

Imperativ
→ Modus des Verbs, Befehlsform. Beispiel: *Geh! Lauf!*

Indikativ
→ Modus des Verbs, Wirklichkeitsform, im Gegensatz zu → Konjunktiv und → Imperativ. Beispiel: *Er läuft.*

Infinite Verbformen
Verbformen, die nicht wie → Infinitiv oder Partizip nach Person und Zahl verändert werden. Beispiel: *laufen, laufend, gelaufen.*

Infinitiv
Grundform des Verbs: *gehen, fahren, lesen.*

Kasus
Fall des → Nomens: z.B. Genitiv, Dativ, Akkusativ.

Konjugieren
Das → Verb beugen: *ich gehe, du gehst, er geht, wir gehen* usw.

Konjunktion
Bindewort, verbindet Wörter, Satzteile oder Sätze. Beispiel: *und, oder, als, weil, dass.*

Konjunktiv
→ Modus des Verbs, gibt indirekte Rede wieder. Beispiel: *Er sagt, sie sei zu spät.*

Konsonant
Mitlaut: b, c, d, f, g … Das Gegenteil ist der → Vokal (Selbstlaut).

Modus
Aussageweise des Verbs: → Indikativ, → Konjunktiv oder → Imperativ.

Nebensatz
Steht bei einem → Hauptsatz, kann nicht alleine stehen. Beispiel: … *nachdem ich nach Hause gekommen war.*

Nomen
Substantiv, Hauptwort. Beispiel: *Blume, Stein.*

Nominativ
Wer-Fall (1. Fall). Beispiel: *der Baum.*

Numerale
Plural: Numeralien oder Numeralia. Zahlwort; Beispiel: *zwanzig, alle, viele, der Erste.*

Numerus
Zahlform des → Nomens oder → Verbs: → Singular oder → Plural.

Objekt
Satzergänzung. Es gibt → Genitivobjekte, → Akkusativobjekte, → Dativobjekte und → Präpositionalobjekte.

Passiv
Leideform des → Verbs. Das Subjekt eines Satzes handelt nicht selbst, sondern etwas wird mit ihm gemacht. Gegensatz zu → Aktiv: *„Er wird gefahren" statt „Er fährt".*

Perfekt
Zeitform des → Verbs: vollendete Gegenwart. Beispiel: *ich bin gegangen, er hat gegessen.*

Plural
Mehrzahl. Beispiel: *Blumen, Steine.*
Das Gegenteil ist der → Singular.

Plusquamperfekt
Zeitform des → Verbs: Vorvergangenheit. Beispiel: *Nachdem ich die Hausaufgaben gemacht hatte, ging ich an den Computer.*

Prädikat
Satzkern. Besteht aus einem → Verb in der gebeugten Form. Beispiel: *Die Sonne scheint. Gestern hat es noch geregnet.*

Prädikatsklammer
Bei mehrteiligen Prädikaten steht das → konjugierte Verb an zweiter Stelle des → Satzglieds, der Rest am Satzende. Beispiel: *Er hat die Fenster gestrichen.*

Präposition
Verhältniswort. Beispiel: *in, mit, nach, bei, vor, zwischen, auf, unter, hinter.*

Präpositionalobjekt
Satzergänzung, die mit einer Präposition auf das Prädikat bezogen ist. Beispiel: *Ich stehe vor dem Haus. Sie schreibt etwas über den Klimawandel.*

Präsens
Zeitform des → Verbs: Gegenwart. Beispiel: *ich gehe, du gehst, sie geht.*

Präteritum
Zeitform des → Verbs: Vergangenheit. Beispiel: *ich ging, du gingst, sie ging.*

Pronomen
Steht für ein → Nomen. Beispiel: *ich, du, er, sie, es, wir, ihr, sie* (Personalpronomen) und *mein, dein, sein, ihr, unser, euer, ihr* (Possessivpronomen).

Redebegleitsatz
Einleitung der wörtlichen Rede. Beispiel: *Sie sagt: „Schönes Wetter heute."*

Satz
Abgeschlossene sprachliche Sinneinheit, besteht aus mindestens einem Prädikat (Ein-Wort-Satz). Es gibt verschiedene Satzarten: Aussage-, Frage-, Aufforderungs- und Ausrufesätze.

Satzgefüge
Aneinanderreihung von → Hauptsatz und → Nebensatz bzw. Nebensätzen.

Satzglied
Teil des → Satzes. Besteht aus einem Wort oder einer Wortgruppe. Satzglieder lassen sich durch die → Umstellprobe / Verschiebeprobe erkennen.

Satzreihe
Aneinanderreihung von → Hauptsatz an Hauptsatz.

Schwache Verben
Verben, deren Stammformen durch Anhängen der Endungen -te / -t oder durch Hinzufügen der Vorsilbe ge- gebildet werden. Beispiel: *lachen, lachte, gelacht*.

Silbe
Klanglich zusammengehörender Teil eines Wortes: *Wie-sen-blu-me, Baum-schu-le*.

Singular
Einzahl: *Blume, Stein*. Das Gegenteil ist der → Plural.

Starke Verben
Unregelmäßige Verben, die Formen mit verschiedenen Stammvokalen bilden. Beispiel: *treffen, du triffst, sie traf, er hat getroffen*.

Stimmhafter Laut
→ Konsonant oder → Vokal, bei dessen Erzeugung die Stimmbänder schwingen, Gegensatz von → stimmloser Laut. Beispiel: [b], [d], [g] in *Ball, Dose, Garten*

Stimmloser Laut
→ Konsonant, der ohne Schwingung der Stimmbänder erzeugt wird, Gegensatz von → stimmhafter Laut. Beispiel: [s] in *Fass*, [p] in *Polizei*.

Subjekt
Satzglied im → Nominativ, nach dem mit der Frage „Wer oder was?" gefragt werden kann. Beispiel: *Der Unterricht fällt aus. Die Kinder gehen nach Hause*.

Substantiv
→ Nomen

Substantivierung
Umformung von einem → Adjektiv oder → Verb zum → Substantiv: *schön* → *das Schöne*; *rennen* → *das Rennen*

Tempus
Zeitform des Verbs, im Deutschen: → Präsens, → Präteritum, → Perfekt, → Plusquamperfekt und Futur.

Umstellprobe
Verschiebeprobe. Satzglieder lassen sich erkennen, indem man einzelne Satzteile verschiebt und darauf achtet, welche Wörter weiterhin zusammenstehen müssen. Beispiel: *Mein Hund / hasst / schwarze Katzen. – Hasst / mein Hund / schwarze Katzen?*

Verb
Tuwort, Tätigkeitswort. Beispiel: *gehen, sie fuhr, er hat gelesen*.

Vokal
Selbstlaut: a, e, i, o, u, ä, ö, ü. Das Gegenteil ist der → Konsonant (Mitlaut).

Wortstamm
Kern eines Wortes, Ausgangspunkt von Wortbildungen. Beispiel: *herzkrank, die Kranke, erkranken, Krankheit*.

Zahlwort
→ Numerale

Zeit/Zeitform
Zeit lässt sich in die Bereiche Vergangenheit, Gegenwart und Zukunft aufteilen. Zeit wird durch die Zeitformen bzw. das → Tempus ausgedrückt.

Stichwortverzeichnis

Quellenverzeichnis

Textquellen

6	Die Reise nach Berlin kann losgehen. Autorentext Thorsten Zimmer; nach: Kästner, Erich: Emil und die Detektive. Ein Roman für Kinder, Cecilie Dressler Verlag und Atrium Verlag, 148. Aufl., Hamburg/Zürich 2003, S. 42.
7	Aufgabe 2 und 3. Autorentext Thorsten Zimmer; nach: Kästner, Erich: Emil und die Detektive. Ein Roman für Kinder, Cecilie Dressler Verlag und Atrium Verlag, 148. Aufl., Hamburg/Zürich 2003, S. 42.
8	Aufgabe 4. Autorentext Thorsten Zimmer; nach: Kästner, Erich: Emil und die Detektive. a.a.O., S. 43.
9	Aufgabe 5 und 6. Autorentext Thorsten Zimmer; nach: Kästner, Erich: Emil und die Detektive, a.a.O., S. 46 und 48.
10	Aufgabe 8. Autorentext Thorsten Zimmer. Idee nach: Kästner, Erich: Emil und die Detektive, a.a.O., S. 50 ff.
11/12	Aufgaben 11 und 12. Autorentext Thorsten Zimmer. Idee nach: Kästner, Erich: Emil und die Detektive, a.a.O., S. 59-60.
17/19	Aufgabe 20, 25, 26. Autorentexte Thorsten Zimmer. Idee nach: Preußler, Otfried: Das kleine Gespenst, © by Thienemann Verlag (Thienemann Verlag GmbH), Stuttgart-Wien 1966, S. 5-32.
20	Aufgabe 27 und 28, Autorentext Thorsten Zimmer. Idee nach: Preußler, Otfried: Das kleine Gespenst, a.a.O., S. 33-36 und 37-42.
66	Johann Wolfgang von Goethe: Gefunden; aus: Erich Trunz (Hrsg.): Goethes Werke Bd. 1, Wegener Verlag, Hamburg 1964, S. 254 f.
99	Wir Kinder aus Bullerbü; nach: http://de.wikipedia.org/wiki/Wir_Kinder_aus_Bullerb%C3%BC (Stand: 21.10.2008)
105-107	Europäisches Jugendparlament. Autorentext Thorsten Zimmer; nach: http://www.auswaertiges-amt.de/diplo/de/Europa/Jugend/EuromediterranesJugendparlament,navCtx=50084.html (Stand: 06.10.2008)
109	Jugend musiziert; aus: http: //www.jugend-musiziert.org/ (Stand: 21.10.2008)

Es ist leider nicht in allen Fällen gelungen, die Rechteinhaber ausfindig zu machen und um Abdruckgenehmigungen zu bitten. Ansprüche der Rechteinhaber werden selbstverständlich im Rahmen der üblichen Konditionen abgegolten.

Bildquellen

19	© by Thienemann Verlag (Thienemann Verlag GmbH), Stuttgart-Wien
105	Picture Alliance, Frankfurt am Main (dpa/V. Dornberger)